原田瑠美子【著】

【増補】

十八歳の母

柘植書房新社

増補版にあたって

『十六歳の母』は「金八先生」と何か関係があるのか？　という質問を幾度か受けたことがある。

「金八先生」とは一九七九年から二〇一一年まで断続的ながら三二年も続いたテレビの人気ドラマである。非行、不登校、いじめ、親子断絶など子どもたちが抱える様々な問題を武田鉄矢が演じる金八先生が生徒と一緒に考える学園ドラマだった。

その第一シリーズで中学生の妊娠、出産というテーマを取り上げて大きな話題となったので、『十六歳の母』とのつながりを連想したのだろうが、直接的な関係はない。

第一シリーズがスタートした一九七九年（昭和五四年）は、高度経済成長を終えて第二次オイルショックが起こり、学校では校内暴力が出始めたころである。そうした時代背景は共通しているが、『十六歳の母』の舞台となるのは都内の女子校である。

一九八一年の一一月のこと、担任クラスの生徒が妊娠し、結婚と出産を決意し退学を申し出てきた。当時は中高生の性行動は非行として捉えられ、「不純異性交遊」という言葉が使われていた。ましてや、女子校での「妊娠」はタブーであり、「純潔教育」が求められていた時代である。

当時三五歳だった私は、生徒の「妊娠」をどう考え、生徒たちに何を訴えたのか、そして生徒たちはどのように反応し、行動したか…

「愛と性」を生きることと結び付けて考える視点は「金八先生」と通じるところがあるが、女子校という環境下で、女性の自立と生き方を考えるH・R（ホーム・ルーム）へと発展させたところは本書の特徴といえよう。

初版一九八二年の増補版であるから、ずいぶん昔のことと思うかもしれない。まずはテレビドラマの再放送を見るような感じで読み始めてほしい。今の時代との違いに「昭和レトロ」を感じるところがあるだろう。しかし読み進めるなかで、今を生きる自分にも通じる問題があることに気付いてもらえたら嬉しい。

増補　十六歳の母●目次

＊本書は、あいわ出版『十六歳の母』（一九八二年刊）を加筆したものである。
＊本書の登場人物の氏名は、すべて仮名である。

1　生徒が妊娠した

雅子の妊娠

「先生、退学届の用紙をください」

二学期の期末考査を直前に控えた、十一月末の土曜日のことであった。

体育祭、文化祭、弁論大会、あわただしく続いた行事が終了し、学校内は、平常の落ち着きを取り戻していた。

二時間目の授業を済ませて職員室に戻った私は、机の上の書類を整理していた。

そこへ、二人の生徒がやってきた。私が担任するクラスの雅子と里子であった。私に用があるのは雅子のほうらしい。里子は、雅子に付き添ってきたようだ。

「あの……先生、退学届の用紙をください」

と雅子は私に話しかけた。

「何を冗談言ってるの。本当は何の用事なの」

私は、雅子が冗談を言って私をからかっていると思った。

「ううん、本当の話なの」

雅子は真剣な顔つきで、きっぱり言いきった。

まったく思いがけない雅子の退学の申し出に、私はびっくりした。

雅子は最近、体の具合が悪いとのことで何日か学校を休んでいたので、事情を聞こうと思っていた。でも、退学するとは、まったく予想しなかったことである。

「ええっ!　本当に退学するつもり?」

「突然、どうしてなの?」

と私は質問をしながら、その理由を頭の中で思いめぐらした。

彼女は私の担任する二年二組の生徒で、私は化学の授業を受け持っている。

クラスではあまり目立つ存在ではないが、目鼻だちの整った美人で、どこか大人びた雰囲気を感じさせる生徒であった。

彼女が一年生の時は、私は担任ではなかったが名前は知っていた。入学後、なかなか新しい環境になじめず、体が弱いこともあって、何日か続けて欠席したという話を学年主任の先生から聞いたことを覚えている。

二学年になって、化学の実験で水銀を扱ったことがあった。

雅子は、左手の薬指にはめていた金の指輪を水銀と反応させてアマルガム（水銀との合金）にしてしまった。

白く変化してしまった金の指輪を私に見せて、元に戻せるかどうかたいそう心配していたことを思い出した。

あの指輪は、恋人からもらったのかもしれない。とすると、今回の退学はその恋人に関係があるのだろうか？……

私はそんな推測をしながら、雅子に質問を続けた。

「結婚するの？」

彼女は小さくうなずいた。

「でも、どうしてそんなに急いで結婚するの？　高校を卒業してからのほうがいいんじゃないの？」

「今すぐ結婚しなくてはいけない理由があるの？」

あっ、そうか！　私は自分で質問していくうちに、理由がつかめた。

「赤ちゃんが、できたのかな？」

雅子は、私の顔を見つめ、大きくうなずいた。

「そう、じゃあ、あなたの人生にとってとっても重要なことね。もう少し詳しく話を聞かせて」

「二人で赤ちゃんを守ったの！」

私は落ち着いて話ができるようにと、二人を職員室から会議室へ連れていった。付き添ってきた里子は、事情をよく知っていて、今までいろいろと雅子の相談にのってきたようだ。里子がいたほうが、雅子も話しやすいだろうと判断し、里子を加えて話をすることにした。

雅子は、ポツリ、ポツリだが、退学を決心するまでのいきさつを語った。

「彼は今、定時制の四年生なの。結婚するつもりで付き合っていたんだけど……。妊娠したかどうかという時から、彼は絶対に産めよと励ましてくれたの。私も産むかどうかについては全然悩まなかった。彼と私の二人の赤ちゃんが欲しかったんだ」

「でもね、親に打ちあけたら、産むなと強く反対されちゃった。子どもを産むのは、きちんと学校を卒業して結婚してからだって遅くないんだから、今は中絶しなさいと言われたの」

「お医者さんからも、子宮が未成熟だから、産むのは無理だろうと言われたの。その時は、すごく悲しかった。でも、彼と二人で絶対に赤ちゃんを守ろうねと誓ったの」

私は少しも気づかなかった。最近何日か学校を休んだのは、妊娠後の通院のためだったのか。

欠席のたびに、母親から欠席届けの電話があったが、母親は担任の私に、娘が妊娠したことを言えなかったのだろう。

「彼と二人で両方の親に必死で頼んだの。そうしたら、はじめ反対だった親も、やっとわかってくれて、結婚して赤ちゃんを産むことを認めてもらえたんです」

「そう、両親にわかってもらえて良かったね。女の子のほうが産みたいと思っても、普通は相手の男性が堕せと言う場合が多いみたい。そして中絶カンパを集めて、親にも教師にも内緒で処置してしまうらしいわね。この学校でも、前に私が担任した学年で妊娠した生徒がいて中絶カンパがまわったことがあったわ。

でも、あなたたちは、二人で絶対に赤ちゃんを守ると決意したのは立派だと思う」

いとも簡単に中絶してしまう風潮のなかで、真剣に子どもの命を考えている雅子の姿勢を私はまず励ました。

しかし、その後の雅子の生き方をどう指導するかは、じっくり考えなければいけないと思った。

「私ね、最初、雅子から赤ちゃんができたかもしれないという話を打ちあけられた時、中絶をすすめるつもりだったの。でも、彼と雅子の赤ちゃんを守るんだという愛の強さに負けたんだなあ。今は、丈夫な赤ちゃんを産んで欲しいと、心から願っている」

と里子は自分の率直な気持ちを語った。

「私も、雅子が赤ちゃんを産むことに賛成。でも医者から子宮が未熟と言われたそうだけど、その後、順調なの？　いつ出産予定？」

私は雅子の体を心配して質問した。

「今、三か月なんだけど、なんとか危機を越したので、無理をしなければ大丈夫。来年の六月のはじめが出産予定なんです」

「もう結婚式の日程も決めたんです」

今は、順調に赤ちゃんが育っているとの雅子の説明に、私はほっとした。

しかし、退学の申し出については、どう助言したらよいものだろうか。

「そこでね、退学の件なんだけど、何も今日すぐに学校をやめなくてもいいんじゃないの？学校をやめてしまうのは簡単だけど、これから先のことをしっかりと考えなくちゃ。二学期もあとわずかなんだから、頑張れないかな？」

私は雅子に将来のことをもっと考えさせたかった。

ところが、雅子は、先のこともよく考えた末、今日退学を申し出たという。

「私も、最初は、残りわずかなので二学期いっぱい学校へ通おうと思っていたんだけど……。

今年中に結婚式を挙げたいので、結婚式や新婚旅行の具体的な計画を立ててみたら、式場の関係で、十二月一〇日しかとれなかったんだ。

新婚旅行は、楽しみにしていた九州の修学旅行に行けなくなったので、九州へ行くの。それでね、二学期いっぱい学校へ通うのが無理になっちゃった」

「そう、もうそこまで決めてあるのね。でもあなたの一生のことなんだから、結婚式の日程にこだわらずに、もう一度よく考えてごらんよ。

赤ちゃんを産んで、学校を続けることは無理かしら。今まで前例のないことだけど、その気になれば不可能じゃないと思うけど」

雅子に学校を続けることも可能だと言ったものの、私は自信がなかった。

高校生が妊娠したというだけで、問題であると考える教師がほとんどだろう。そのうえ、出産後も学校を続けさせたいと私が提案して認めてもらえるだろうか。

クラスの生徒には、どのように理解させたらいいのだろうか。

私はじっくり検討する時間が欲しかった。雅子と、もっと話を続ける必要があると感じた。

「今日突然退学を申し出て、クラスの友だちに何も言わずに黙って去っていくなんて、雅子自身にとっても寂しいことなんじゃない？」

私は今日退学してしまうことには同意しなかった。

「日・月曜日と連休になるから、退学することについて、もう一度検討してごらん。私もじっくり考えてみるから」

少なくとも来週の水曜日までは学校に出てきて、私との話を続けることになった。

そして私は、雅子の母親に電話をして、退学の申し出が両親の合意するものかどうか確認をした。

「私どもは、はじめ出産に反対だったのですが、本人たちの気持ちがとっても真剣なので、認めることにしました。先生にもいろいろとご心配をかけ申し訳ございません。短大まで行かせるつもりで東横学園に入れましたので、ここで退学させるのは残念ですが、やむをえないと思っています」

と母親は答えた。

私は雅子との話し合いの経過を報告し、今日の時点では退学届を受理しなかったことを説明した。母親は学校に娘の妊娠が知れると不利に扱われると考えていたようである。

「前例はないのですが、退学せずに休学の方法も可能かどうか検討してみましょう。雅子さんの将来について、できるかぎり相談に乗りたいと思っています」

と話す私に、母親は、

「先生、本当にありがとうございます。どうかよろしくお願いします」

と心から感謝の気持ちを表わして言った。

大事なことは「生き方」を見つめること

翌日の日曜日、私は一日中、雅子のことを考えていた。

学校を続けさせることが、雅子にとってプラスだろうか。

プラスとしても現実的に可能だろうか。

学年の教師のなかで、どう受け入れられるだろうか。

ホーム・ルーム（H・R）でこの問題をとりあげ、雅子を応援できないだろうか。

何か問題が起きて、それにどう対処したらよいかすっきりしない時は、私は夫と議論することにしている。

夫も教員であり、私の勤務する東横学園中高校と同系列の大倉山高校で社会科を担当している（当時）。

教員同士なので互いに共通の課題をもっている。夫も自分の考えがまとまらない時は、私を相手に議論をもちかけてくる。

夫のほうがベテランだし、教育理論でも卓越している。どうしても私が彼から学ぶという面が多くなる。でも私は私なりに精一杯考えて、ぶつからなければと努力している。

雅子の問題についても、彼に相談してみた。彼との話し合いのなかで、私は自分の中でもやもやしていたのがスッキリした。

退学させるか、それとも学校を続けさせるかの処理が問われているのではない。大事な点は、雅子に自分の人生をしっかり見つめさせることである。

彼と愛し合い、二人で赤ちゃんを守ると決意した段階から、さらに彼との愛を発展させる生き方を考えさせたい。子どもを立派に育て、しかも自分自身が成長していく生き方を考えさせたい。

そうした話をじっくりしたうえで、学校を続けるほうが自分の成長につながる道ではないかと助言してみよう。

「人生八〇年」のなかの「今」を考える

連休明けの火曜日、雅子は約束通り登校した。

里子も加え、話し合いを続けた。

「どう、この休みに考えた結果は？　変わらない？」

私は雅子に質問した。

「退学するという結論を出すまでにいろいろと悩み、考えた末のことだから……」

雅子の結論は変わらなかった。

「最終的にはあなた自身が結論を出すことだけど、人生の先輩としての私の助言を聞くことは無意味ではないと思うの。

今は彼の愛にはぐくまれ、赤ちゃんを産むことで頭がいっぱいみたいだけど、もっと長期的に自分の人生を考えてみたら……。

女性の平均寿命が七九歳（当時）なんだから、八〇年規模で自分の人生を考えるべきじゃないかな。

子どもが小さいうちは育児と家事に追われ、懸命だろうけど、子育てが終わったらどうするの。

特に雅子の場合、子どもが二〇歳になっても自分はまだ三〇代、その後五〇年も人生が残っている勘定になるのよ。

そして、今からこんな話も変だけど、一生彼と二人でやっていけるとは限らない。万一、彼と死別あるいは離婚した時、ひとりで子どもをかかえて生きていけるかと考えることも必要だと思うんだけど。

その時になって、いざ働こうとしたら、高校中退というハンディもあって、自分のやりたい仕事につけないというのが現実じゃないかしら」

私はあえて死別とか離婚という万一の例をあげ、雅子がどこまで自分の将来について考えているか反応をみた。

「彼のお給料でなんとかやっていけそうなんだけど……。私も赤ちゃんが生まれて、少し落ち着いたらパートみたいな形で働こうかなと考えている」

パートという現実的な答えが返ってきた。

「私の近所の主婦のなかにも、スーパーでパートとして働いている人がいるけど、あまり収入にならないみたいよ。一日五時間働いても時間給五〇〇円ぐらいだから、月給五、六万円にしかならないわね。夫の収入にたよって、せいぜい自分のこづかいを稼ぐならともかく、これで生活しようとしたらまったく無理だわ。収入面だけでなく、仕事内容としてもやりがいを感じられるものとは程遠いと思うの」

自分のライフワークをもとう

雅子は黙って聞いていた。私はさらに話を続けた。

「私の場合は、東横学園の賃金が最低だといっても、夏と冬のボーナスを入れれば、年収三〇〇万円以上になる。夫と私は独立採算制をとっていて、家のローンの返済から食費、光熱費、雑費まですべて均等に分担し、残りはそれぞれが自由に使うことにしているの。家事も夫と均等に分担しているのよ。夫が掃除と洗濯、私が料理と買い物、会計担当。それぞれが、やりがいのある仕事をもち、社会的にも経済的にも自立している。そのうえで一緒に家庭を築き、家事も協力し合う。互いに仕事での悩みを語り合い、ともに勉強して成長していく。うちの夫婦はそんな関係だな。

よく女性は結婚すると自由が制限されるというけど、私の場合は結婚したら逆に自由が拡大したわ。私は自分の結婚に誇りをもっているし、二人の関係は長続きすると思っている。

さっき雅子に、万一、彼と死別したり離婚した時、ひとりで生きていける？　と聞いたのは、雅子が自立した生き方を考えているかどうかを問うたの。

結婚・育児は大事だけど、女性が仕事をもつことと本来は矛盾しないはず。

雅子もただ学校をやめて家庭に入るという生き方に安住しないで、自分のライフワークをもたなくちゃ！　そして雅子がより魅力的な人間に成長していくことで彼との愛はさらに豊かになり、子どもも賢く育てられると思うわ。

将来、自分がやりがいのある仕事をもとうと思ったら、高校は卒業しておいたほうがよいと思う。せっかく高校二年の終わりまできたんだから、退学しないで、頑張ってみようよ」

育児と学業の両立は不可能？

雅子は、誠実に私の話に耳をかたむけていたが、

「でも……。出産の時は、現実的に学校へ出られなくなるでしょう？　それから赤ちゃんの面倒をみながら学校へ通うのは無理だわ」

と、たじろいだ。

「その辺を私も検討してみたんだけど、たとえば、こんなふうにしたらできるんじゃないかと思うのよ。二年生までは、体の調子が許すかぎり出席して、修了しておく。その後、休学の措置をとって、出産する。休学中に、育児の方法を検討し、保育所を探すとかお母さんに預かってもらうとか……、その対策が十分できた時点で復学したらどうかしら」

私の具体的な提案に対しても、雅子は消極的だった。

「もう彼とよく話し合って、結婚式の日どりまで決めてあるでしょう。二年生まで修了するとしたら、結婚式も延期しなくてはならないし、あまり遅くなるとおなかも目立つし、九州への新婚旅行も行けなくなるし……」

私は雅子をもうひと押ししようと、里子にも応援を求めた。

「里子はどう思う？　できれば学校を続けたほうが雅子にとってプラスになると思わない？」

里子は安易に答えなかった。普段から自分の頭でじっくり思考する生徒だが、この時もしばらく考えていた。

「先生の話もわかるんだけど、でも雅子の場合、体も丈夫じゃないし、育児と学校の両立は難しいと思う。

うーん、うまく言えないけど、先生の言う自立するという生き方も、学校を続けること以外の方法でもできるんじゃないかな」

里子から、私の期待した言葉は出なかった。でも私はさらに説得を続けた。

「体が丈夫ではないということもあるだろうけど、学校を続けることに踏み切れない一番の理由は別にあるんじゃないの。

高校生で結婚して、出産し、学校を続けるという例はほとんどない。だから自分が特別の存在としてまわりから好奇心で見られるのが不安なんじゃないのかな?

でも勇気を出してごらんよ。クラスの友だちだって、きちんと事実を話せばみんな応援してくれると思うし、雅子が子育てと勉強を両立させようと懸命に努力する姿は、友だちにプラスの影響を与えこそすれ、マイナスには絶対にならないわよ。

うちの学校の女の先生だって、子育てをしながら学校の仕事をしている。もちろん、高校生だからまだ精神的にも体力的にも不安はあるけど、周囲の理解と協力があれば、不可能ではないと私は思うわ。

妊娠や出産は非行じゃないんだから、退学しなければいけない道理はないの。

赤ちゃんを守ったという強さから、もうひとまわり強くなって、挑戦してごらんよ。私もできるかぎり応援するから」

「うん、先生、ありがとう。先生が私のことを考えてくれ、いろいろ話してくれるのをとっても嬉しく思う」

「じゃ、彼や両親ともう一度相談してみなさい」

「当面は育児に専念したい」

そして翌日、雅子は私のところへ最終的な結論を言いに来た。

「先生が一生懸命話してくれたこと、とってもありがたかった。でも赤ちゃんを育てながら学校を続ける自信はないんです。当面、赤ちゃんを育てるということに専念したいと思います」

「あなたが考え抜いた末の結論だから、私も尊重するわ。雅子に勉強する気持ちさえあれば、定時制や通信教育という方法もあるから、赤ちゃんができて少し落ち着いたら、考えてごらん。賢い母親になるためにも、常に勉強しようという姿勢をもつこと。それから育児で困ったときはひとりで悩まずに、まわりの人の知恵を借りるのよ。私は子育ての経験がないので、育児についてはあまり助言できないけど、何か困った時は相談にいらっしゃい」

「はい、ありがとう」

彼女の表情は明るかった。

「クラスのみんなには、終礼の時、お別れのあいさつをしていく?」

「う〜ん、ちょっと自分で言うのは……」

私は無理強いをしなかった。

「照れくさいかな? じゃあ、何で退学したのかわからなくて誤解されても困るから、いつか機会をみて、私が事情をクラスのみんなに話していい?」

「はい、赤ちゃんができたから仕方なくて結婚するんじゃないっていうこと、わかってもらいたい」

雅子は、私が話をすることに同意した。

「もし、クラスの皆が事情を知って、雅子にもう一度会いたいとなったら、学校に来てくれるでしょう」

「はい」

「頑張って、元気な赤ちゃんを産むのよ!」

そんなやりとりを最後に、彼女は退学していった。学校を続けるようにと説得しきれなかったものの、雅子はきっとたくましく生きていくだろうという確かな手ごたえが残った。

みんなが誤解している

クラスでの噂

雅子が退学した翌日、私は研究日だったので、家でのんびりと本を読んでいた。昼頃電話が鳴ったので受話器を取ると、里子の声。

「先生、私、くやしい……」と泣きだした。

「どうしたの？　泣くなんて里子らしくない。何があったの？」

「雅子が退学したことについて、みんながいろいろと噂しているの……」

クラスのなかで、事実を知らない生徒たちが、雅子について興味本位に話をしているらしい。

里子が泣いていてうまく事情が説明できないので、脇にいる幸子に代わってもらった。

「実はね、先生、雅子のことについて問題が問題だからあまり広げないようにしていたら、事実を知らされないことで気を悪くしたのか、ある人たちが変に噂話をしているの。それで、私たちくやしくって……」

「事実を知らないから、噂になるのは仕方ないことじゃない。そんなことでメソメソするなんて弱いわよ。

今日は研究日だから家でのんびりと読書をしようと思っていたけれど、これから学校へ行くことにするわ。終礼の時、私が事実についてきちんと話をするから、あなたたちもその場で、はっきり発言しなさい」

もう少し日時が経過してから、クラスのH・Rで取り上げるつもりでいたが、こうした噂がある以上、一刻もはやくクラスの生徒に事実を話したほうがよい。

六校時目担当の教師に十五分ほど授業を早めに切り上げてほしい旨の電話をし、急いで学校へ向かった。

事実を知らせる

「今日は、これで授業を終わる」

「わ〜あ、嬉しい！」という生徒たちの歓声。

すかさず、担任の私が入室。

事情を知らない生徒たちは、なんだろうと私の顔を見つめていたが、私の真剣な表情から、これは何か深刻なことがあったにちがいないと気づいたらしい。教室内はすぐに静かになった。

「今日、みんなにとっても大事な話があるので、授業を早めに切り上げてもらいました。実は、早川雅子さんですが、昨日で学校をやめました。

退学した理由ですが、彼女は結婚することになったのです。このことについて、クラスの一部に興味本位の噂があるようですが、結婚・出産という人生での最も重要な、そしてすばらしいできごとを週刊誌的な噂話として扱ってほしくありません。

事実を知らされていないからやむをえない面もあるでしょう。そこで、雅子さんが退学するに至った事情をみんなに説明することにします。私のこれからの話を一人ひとりがしっかりと受けとめ、考えることを望みます」

担任からお説教されるのかと半ば白けていた生徒も、雅子の結婚・出産という私の言葉に驚き、真剣そのものの顔つきに変わった。

「女子高校生が妊娠すると、友だちの間にカンパをつのり、中絶するという話を聞きます。雅子の場合は、妊娠したとわかった時から彼も産めと励ましてくれ、二人で赤ちゃんを育てようと固く決意したとのことです。

ところがはじめは両親に反対され、さらに医者にも子宮が未成熟で、出産は無理だと言われたそうです。二人はそうした障害を乗りこえ、必死に親を説得し、結婚して赤ちゃんを産むことを認めてもらったのです。

一般的にいうなら、高校生の場合、子どもを育てるには自分自身が精神的に成長の段階にあるし、経済的な生活基盤もできていないので、妊娠・出産は避けるほうが賢明でしょう。結婚についても、成長とともに異性を見る目も変わるので、あまり早く将来を決めてしまわないほうが良いともいえます。

でも、雅子の場合は、結婚・出産という道を自らが選択したのです。

雅子が退学を申し出てきた時、私はすんなり退学を認めませんでした。結婚・出産しても学校を続ける道を模索するように勧めました。

今は赤ちゃんを産むことで頭がいっぱいだろうが、平均寿命が七九歳なんだから、八〇年規模で自分の人生を考える賢さをもつようにと私なりに助言しました。

これからは女性も家事と育児だけで家庭の中にとじこもっているのではなく、社会的にも経済的にも自立した生き方をしてほしい、自分なりのライフワークをもつべきであろうと話をしました。高校中退では仕事をもちたくてもせいぜいパート勤め、自分の納得できる仕事をもつには高校を卒業したほうが良い、せっかく高二の終わりまできたのだから、出産の時は休学しても、高校卒業まで頑張れないかと励ましたのです。

でも雅子は、当面子育てに専念したいということで退学することになりました。残念ですが、私の話をしっかり受けとめ、きっとたくましく生きていってくれるものと思っています」

私の話を聞いて、泣きだす生徒がいた。

もし自分が雅子だったらと懸命に考えこんでいる生徒たちの顔。

六校時終了のチャイムが鳴った。他のクラスの終礼が終わって、廊下が騒がしくなった。

「うるさい！　静かにして！」

と生徒のなかから声が飛び出す。いつもなら、早く帰りたくてそわそわし出す生徒も、真剣そのもの。ジーッと考えこんでいる。

「子どもができたから結婚するんじゃない」

次に私は里子のほうを見て、何か発言するようにとうながした。

里子は感情を抑えながら、

「雅子は、『子どもができたから仕方がなくて結婚するんじゃない』と強く言ってました。雅子のことをみんな理解してほしいと思う」

とクラスの仲間に語りかけた。

私はさらに話を続けた。

「みんなにも雅子の結婚を、自分の人生・出産について考える機会にしてほしい。そして、これは担任が強制すべきものではないが、雅子に対してみんなで何か応援できることがないか相談してみてください」

私は、もうひとつ大事なことを生徒に言わなければならなかった。

「最後に、みんなに約束してほしいことがあります。

二組のみんなは、今日のこのホーム・ルームできちんと知ったので、雅子についての誤解は解けたと思います。でも他のクラスに『妊娠して退学した子がいる』ということだけが伝わった場合、どうなるでしょうか。こういう話はどうしても興味本位の噂話になりやすいのです。

私はまだ学年の先生方にも報告していません。次回の学年会できちんと報告し、理解を得ようと思っています。そしてその時に、もし他のクラスの生徒にも報告するとしたらどのようにするかを相談してみます。

そこで、皆さんにも、雅子のことについてしばらくは、しゃべらないでおいて欲しいのです」

「はい」という声は返ってこなかったものの、生徒らの眼は納得していた。

だが……、生徒の何人かは、自分の感動した気持ちを胸の中にしまっておくことは無理のようであった。

広がる誤解

二、三日後の昼休みのこと。何人かの生徒がいきおいこんで私のところへやって来た。

「先生！　雅子のことで問題なんです」

訴えに来た生徒のなかに、千恵がいる。彼女は私がH・Rで事情を話す前に、クラスの中で雅子について取り沙汰した生徒だ。H・Rのあと、自分の軽率さを反省し、泣きながら私のところへ弁明に来た。今は事態をしっかりと理解したようだ。

「あれほど、H・Rで約束したのに、クラスの誰かが、他のクラスの子にしゃべったみたいなんです。休み時間になると、他のクラスの子が二組の教室に入ってきて『妊娠してやめたっていう子、どの子？』と聞きにくるんです！」

「原田先生が、私たちに話をしてくれたように他のクラスの人にも話してくれるといいんですが」

解決を私に求めているようだが、私は応諾をためらった。まだ学年の教師にも報告していないし、生徒自身に解決策を考えさせたいこともあった。

「今年、私は他のクラスの授業をまったくもっていないので、授業の中で話すこともできないし……。他の担任の先生に話してもらおうかしら?」

「他の先生じゃ、間接的に聞いた話になるから、うまく伝えられないと思うわ」

「それだったら、私たち生徒が、手わけをして各クラスへ訴えに行ったらいいんじゃないかしら?」

「そう、それがいいよ」

「でも、うまく話せるかしら?」

あれこれと生徒らは知恵をしぼっていたが、結論がまとまらないうちに時間切れ。昼休み終了のチャイムが鳴った。

「その対策についてはもう少し検討することにして、とりあえず、今日の終礼で、問題提起をしておいたらどうなの?」

という私の締めくくりで、彼女らは教室へ戻っていった。

興味本位に伝えないで

終礼時、委員長と副委員長が中心となって、クラスの生徒によびかけがなされた。

「他のクラスの人に興味本位に伝えないようにとH・Rで約束したのに、残念ながら、しゃべった人がいるようです」

と委員長が発言すると、すかさず、

「約束やぶったの誰?　ちゃんと守ろうよ」と声が飛びかう。

口止めされると逆にしゃべりたくなるのが人情、まして事は彼女たちの一番関心のある結婚問題であり、さらに出産というドラマチックな出来事なのだ。〝箝《かん》口令〟を布くこと自体が無理なのかもしれない。いや、たとえ興味本位に伝わっても、そのことをめぐって他のクラスの生徒にも愛や性について考えさせることが必要であり、箝口令が間違いだったのかもしれない。私はそんなことを考えながら、生徒同士のやりとりを見守っていた。

委員長が発言を続けた。

「みんな、もう一度約束してほしい。私たちは、担任からしっかりと事実を話してもらえたから誤解はしていないけど、他のクラスの人は部分的に話を聞くので、どうしても興味本位になってしまうと思うの。どういうふうに事実を伝えるか考えなくてはいけないけど、しばらくはしゃべらないでほしい」

続いて副委員長がよびかける。

「それから、雅子をみんなで祝福してあげたいという声が出ているんですけど……。高価なものというより、クラスのみんなの真心のこもったものが良いと思うので、あとで決めますから、一人ひとりが案を考えておいてください」

誤解から感動・励ましへ

高校生の妊娠は人生の敗北か？

クラスの生徒には、すぐに事実を話し、問題提起を行なった私だが、教師間での論議には積極的になれなかった。

雅子が退学を申し出た時点で、学年会議を開き、教師間でその指導方法はどうあるべきか十分検討するのが筋かもしれない。

しかし、学年の教師間には基本的な教育観のうえで大きなへだたりがあり、その違いは現時点ではとうてい一致させられるものではなかった。

現状の学年会議で、雅子が出産した後も、学校を続けるよう指導したいと私が提案しても、たぶん反対されるだろうと予想した。

反対意見や批判をおそれず、教師間で論争しなければいけないのかもしれない。しかし私には説得しきれる見通しや自信がもてなかった。

それよりも、雅子自身を指導することに、エネルギーをかけることが先決と判断した。そして雅子が学校を続けるという決意がしっかりとできたならば、学年教師の了解を得るために全力を尽くそうと考えていた。

そこで私は、学年主任と担任補助の先生には、雅子の妊娠と退学申し出を報告したものの、学年会議には事後報告という形で出すことになった。

「私のクラスの早川雅子という生徒ですが、実はある事情があって退学しました」

どんな批判が出るか、私はやや緊張気味で報告した。

「その事情というのは、互いに結婚したいと考えている恋人がいて交際していたんですが、妊娠しました。二人は妊娠しているとわかった時点から産むと決意していたようです。

しかし、両方の親は反対だったのですが、二人が真剣に説得し、結婚して出産することを認めてもらったとのことです。

早川が退学を申し出た時、私はすんなり受理しませんでした。出産時は休学して、復学する道もあるのだから、退学しないで頑張ってみないかと勧めました。本人は学校と育児を両立させる自信がないということで退学し、結婚の道を選んだわけです」

学年主任は私の報告を補足し、

「中絶してしまうケースが多いのに、産むという結論を出したことについては、励ましてあげたい」

と発言した。

他の教師も、雅子が中絶せずに出産の道を選んだことについては好意的であった。しかし、高校生が性体験をもつことにはきわめて否定的のようだ。

ある教師がポツリ、

「馬鹿だよ、自分の人生を粗末にしすぎる」

と感想をもらした。

私はその感想の意味をたずねた。

「自分の将来も考えずに、高校生が性交渉をもつから妊娠して、高校中退というみじめな人生になってしまったのだ」

ということらしい。

これは、私の所属する学年教師の考えにとどまらず、大多数の大人の一般的な意識といえよう。

もう少し説明すると、次のようになる。

「高校生はまだ生活能力がないので、結婚することはできないし、まして子どもを産んで育てることは無理である。だから、高校生が妊娠をともなう性交渉をもつことは問題である。生活能力がつき、互いに責任がもてる年齢になるまで性交渉はがまんすべきである。

特に女性の場合、自分の体に妊娠という重い事実がのしかかるのだから、男性以上に性行動には慎重であるべきだ。

今の社会で高校中退は大きなハンディであり、一〇代で子どもを育てるのは困難が大きすぎる。

そのへんのことをよく考えずに、目先の欲望にまかせて行動するから妊娠して、高校中退せざるをえないというみじめな結果になるのだ」

具体的に雅子についていうならば、「もしそのような男女関係がなければ、高校を卒業した後、短大に進学し、幸福な結婚ができたであろうに」となる。

たしかに高校中退というハンディはあるが、本人がその後の人生を前向きに考えるようになれば、みじめな結果とはかぎらない。何も考えずに、親から言われるまま「短大卒」という〝嫁入り道具〟を手に入れるようなつもりで短大へ進学する場合と、はたしてどちらが創造的な人生であろうか。

教師としては、妊娠した生徒を人生の敗北者としてみるのではなく、その事実を不利にせずに有利に変えていく力強い生き方を考えさせ、励ますべきではないだろうか。

私が雅子に対し出産後も学校を続けるように指導した点については批判の出ることを予想したが、結果的に雅子が退学したためか、なんの意見も聞かれなかった。

私は雅子の問題をきっかけにして、他のクラスでも「愛・性」の問題を指導できないものかと考えていたが、あくまで一生徒のプライベートな問題として処置したほうが良いという学年の結論であった。「性」は恥ずかしいもの、隠すものという古い価値観が教師の中に根強く残っているのだろう。

他のクラスの生徒が面白半分に話題にしていたら、その時点で担任が諭すということで私も了解し、学年会議は終わった。

みんなの「思い」を文集に

終礼のため、教室に入ると、

「先生たち、どうでしたか」

と質問された。

その日の四時間目に学年会議があったのを知っていたらしい。生徒は日常の各教師の言動から教師集団の様子をそれなりにつかんでいる。自分の担任クラスから妊娠した生徒を出したということで、私が批判されるのではないかと心配していたようだ。

「学年の先生たちにも、事情をよく説明しました。もし他のクラスで変な伝わり方をしていたら、担任の先生が注意してくれます。

そこで、みんなに私から提案があるんですが、今回の雅子の問題を通して、みんなが考えたことを作文にしてほしいのです。先生方や、他のクラスの生徒が誤解していたとしても、その作文を通してわかってもらえるだろうし、自分自身の考えを深めることになると思います。

そして、その作文を文集にまとめて雅子に贈ったら、何よりのすばらしいプレゼントになるはずです」

生徒は文章を書くのをとても嫌がる。いつもなら「エ～ッ！」と拒否の声があがるが、この時はみんな黙って考えていた。

結婚・出産の道を選んだ雅子に感動！

生徒のほとんどは、自分を雅子の立場に置きかえ、自分だったらどうしただろうと考えている。一般論でなく、自分の問題として、つきつめたからこそ、雅子が年齢・世間体・経済力など種々の困難をのりこえ、結婚・出産という道を選んだことに対する感激は大きかったのである。

また、生徒たちは雅子の勇気を讃えると同時に、妊娠という事態をさけることはできなかったのかという疑問も率直に書いている。

しかし、自分が選んだ道なのだから、今後予想される世間の荒波、育児や家庭生活の悩みに敗けずに頑張れと激励している。

文集のなかから、いくつかを紹介しよう。

＊

村山　知子

（前略）

先生から雅子の話を聞いてビックリした。でも先生の説明、いろいろな事情を聞いているうちに感動して涙が出た人がいた。私もそのなかのひとりだった。

雅子とは一年生の時、クラスが違っていたけれど知っていた。二年生で同じクラスになり、選択授業も同じだったので話をしたりすることがあった。

化学の実験で不思議な現象、きれいな色に変化すると、「見て、見て、きれいだヨ！」と言ったりして騒いだこともあった。時には授業の終わりのチャイムが鳴ったと同時にみんないっせいにダッシュでパンを買いに行ったこともあった。でも今は思い出のひとつになってしまった……。

先生の話を聞いていて、私は雅子の考え方がしっかりしているなー！　と思った。私がもし雅子の立場だったら、どうするだろう？　とかいろいろと心の中で考えていた。

ちょっと早かったかもしれないけど、雅子は真剣に何回も何回も悩んだことだと思う。自分の選んだ道は、今までとは違った苦しさがあるかもしれないけど、これから先、ガンバッテほしいと思う。

幸せは与えられてつかむものではなく、自分から進んでつかむものだと思うから、その幸せをつかんだ以上、ずーーっと幸せでいてほしい！

＊

中川　祐美

はじめてこの話を聞かされた時、まさか……と思ったけれど、本当の事だったので驚いた。でもその話を聞き終えた時、その驚きが「素晴らしい」という感動に一転して変わった。

それは、原田先生が熱のこもった話し方をしてくれたためであった。もしあの時、別の先生が話したら、また少し受けとめ方も変わったろうと思う。こういった先生だからこそ、彼女も素直にうちあけられたと思う。

妊娠して子どもを産むという女性として当然あるべき行ないが、今は中絶という恐ろしい結果としておこっているなかで、高二で子どもを産むという一大決心をした彼女は立派だと思う。

今、私がこういった立場であったなら、二対三ぐらいの割合で中絶というほうに気が動くと思う。それは、将来子どもを育てていく自信がないというのと、ある程度世間を気にしてしまうという気持ちが、泡のようにあふれ出てくるような気がするからだ。

でも、彼女は一度こうという決心をしたわけだが、これからが大変だと思う。こういう大きな決心をしたという誇りを忘れないで強い母親になってほしい。

＊

朝田　紀子

私は中学生の時、中絶するためのカンパでお金を出したことがある。妊娠しちゃった子が自分と結構仲の良い子だったので、少しだけお金を出したが、そのあと、すごく後悔した。

子どもをおろすということは、子どもを殺すことだし、そのためにお金を出したということは、それに手をかしたのと同じじゃないか……。それ以来、カンパ要請がまわってきてもお金で勝手に命を奪うなんてかわいそうだし、そんなことに自分は手をかしたくない。絶対にいやだ。そんなこともあったせいか、原田先生から彼女の話を聞いたときはとってもうれしかった。なんかふわふわした雲の上にいるような気分だった。

しばらくは、いやなことをみんな忘れちゃったくらい……。

もし自分もそうなったらどうするかなあーなんて考えたり、仲の良い子たちと何かしてあげたいねとかいろいろ話しました。

まだ彼女のこと、理解してくれない人が、いっぱいいると思うけど、そのうちきっとわかってくれるだろう。

丈夫で元気な赤ちゃんを産んでください。聞くところによると、男の子がほしいんだって？　赤ちゃんが男の子であるように祈っています。

＊

小川　里子

彼女は強く言いました。「仕方がなくて結婚するんじゃありません」。なんと強い言葉だろうと思いました。まだ若い十九歳と十六歳。

「今まで二人で一生懸命赤ちゃんを守ってきたのです」

彼から私の所に電話がきたのは、中間テストの三日位前だったと思います。

「できていました」

彼の素朴な言葉に、私は心から、「おめでとうございます」と言葉を贈りました。

実は電話がかかってくる前、もし彼女に子どもができていたら、私は誰がなんと言おうと、絶対に中絶させるつもりだったのです。なのになんという矛盾でしょう。心から「おめでとうございます」……なんて。

その日、彼とずっと話していました。私は負けたのです。彼と彼女の愛の強さに負けたのです。彼の彼女をいたわるその気持ちに負けたのです。そしてなにより二人で絶対に赤ちゃんを守るんだ！という強い意志に負けました。

このようなことになって、何も壁がなかったというわけではありません。もちろん、二人の両親に反対されました。反対するのも無理ないと思うし、それが親心であるとも思います。

子宮がまだ未熟なためか、おなかの中の子どもが全然育っていないということもありました。私は思ったのです。この時、流産してしまえば、どんなに楽だろう。二人には悪いけれど、本気で思ったりもしました。もし、二人がいい加減な気持ちだったら、誰の手を借りることもなく、今、彼女のおなかの中には子どもがいないでしょう。

早すぎると思います。ばかなことをしていると思います。もっと自分を大切にするべきだと思います。だけど、彼女らしい人生だと思います。そしてなによりも、彼女の人生なのです。彼女の道なのです。彼女の意志なのです。

私は彼に「外にいる時はオレが守ってやれるけど、学校にいる時は誰も見てやれないから、学校にいる時は、雅子をたのむ」と頼まれた日から、二人の道を見守ることに決めたのです。

これからは、今日まで以上に、つらいこと、悲しいことが二人を待ち受けるでしょう。だけれども、つらいこと、悲しいことがあるからこそ幸せ、という言葉も存在するんだと思います。大いに苦しみ、大いに悲しみ、そして大いに助け合って生きてください。どうか、どうか、自分の一生は悔いなきものであったと言えるよう、一歩一歩を今から二人で歩んでほしいと思います。お互いを大切にしてください。

——結婚おめでとう——

小倉　明子

雅子は強く言いました。

「仕方がなくて結婚するんじゃありません」

＊

あなたの退学を知らされた時、正直言って「ああ、またやめる人がいるのね」ぐらいにしか思いませんでした。

そしてあなたが退学する本当の理由を知った時、私はほんの数分でも「あなたを誤解したこと」を恥じました。その後、私ははじめ、あなたに手紙を書こうと思いました。なにはともあれ、自分の考え、気持ちをあなたに伝えるべきだと思ったのです。しかしそれは私のおごった考え、単なる同情的なもののような気がしてやめました。「これ」はその手紙の代わりです。

雅子さんは非常に勇気のある方ですね。うらやましいかぎりです。私たちの年で赤ちゃんを生み、育てるなんて、それこそ、あの数学など比べようがない難しさ。

私たちの年代なら、まだまだ親に甘えて遊びまわるほうが順当だというのに、あえて自ら親になるという決心は、勇気ある人にのみ与えられるもののように思われます。

しかも母親って「三時間寝たらミルクやんないと」とか、「ウンチの色が育児書と同じかしら」なんて、精神的にも肉体的にも激職なんだそうだし。

でも、母親になるって、なんかこう、スゴイことだなあって感じてしまう。私みたいな甘ちゃんはとうぶん無理。私だったら赤ちゃんをほっといて遊んじゃいそうで……。

ただ、そんなにも愛し合っていたのなら、なぜもう少し待てなかったんだろうって思うんです。せめて雅子さんが卒業するまではって。私は男性とそーゆーおつきあいってしたことがないからわかんないのかもしれないけど、やっぱり雅子さんが卒業するまでガマンしてほしかったって思う。（あ、ガマンって言い方、ちょっとヘンか……）

やっぱり、高校ぐらい出といたほうがいいよ、うん。やっぱりある程度の肩書があったほうが、ほれ、世間ってそうゆうこと重視するでしょ。おばんくさいこと言っちゃったけど、これ、はっきりとした現実だもの。

私としては、赤ちゃんが手がかからなくなったら、通信教育でもなんでもいいからやっぱり「卒業」だけはしてほしいなあー。なんというかホントおばんな話になっちゃってごめん。でもたてまえだけってのができない性分なのよね、私。

だけど私が雅子さんに一番言いたいことは「ガンバッテくださいね」ってことなのです。

ホント。

＊

関根　亜矢

まだ、彼女のことを本当に理解してくれない人たちは、たくさんいると思います。それはやっぱり年齢のせいなのでしょうか。恋をして愛し合って、赤ちゃんができる……というのは自然のなりゆきなわけで、決して悪いことだとは思わないし、そういうことは年齢に関係ないと思います。

原田先生から聞かされた時、本当に驚きました。でも、彼女のその行動を聞いた時、思わず、えらいなーのその一言でした。私ならどういう立場をとるだろうって考えてみたけど、あまりにもわからないことだらけで、結果を出すことはできませんでした。それだけに彼女もすごく悩み苦しんだことでしょう。そして結論を出したのです。結婚して、子どもを産むと……。

しかし、このことについてひとつ不満が……、それは学校をやめるということ。私としては学校に残ってもらいたかった！　そりゃ、好奇心で雅子さんのことをギンギンと見る人もいるでしょう。しかし、二年二組のように理解してくれる人たちもたくさんいるのです。もう一歩、あと一歩だけ、大きくなってもらいたかったなあーって思います。そして、今、雅子さんに言うことは……健康で立派な赤ちゃんを生んでください。そして、できたら夜間学校へ行って、第二の人生を歩んでください。やっぱり高校って（テストをぬかすと）良い所だし……とにかく雅子さんにとって、有意義な人生を送ってください。

2　二人の出会いと結婚

雅子と真一の出会い

雅子には兄が一人、姉が二人いる。母親が四〇歳代のときに生まれた末っ子で、ほかの兄姉とはかなり歳が離れている。

すでに兄も姉も結婚して独立し、父と母、そして祖母の四人暮らしであった。末っ子の雅子は家族からかわいがられて育ったようだ。

父親は会社勤務、母親は飲食店を経営している。経営といっても、人に任せているという。

雅子が高二になる春休みのある日のこと。雅子は母親の店にめったに行かないが、その日は母親に頼まれ、届け物を持って行った。

その店で、雅子はある青年と偶然知り合う。青年の名は相沢真一。真一は昼間働きながら定時制で学ぶ高校生であった。真一は会社の同僚に誘われてその店で飲んでいた。その店に来たのははじめてだった。

「こんばんは、これ母から頼まれて持って来ました」

店のドアを開けながら、雅子は挨拶をした。真一は雅子を見た瞬間、「かわいい子だな」

と感じ、「店の中に入ってこないかな、話をしたいな」と思った。真一はそれまで、他の店で飲んでいても、知らない女の子と話をしたことがなかった。こんな気持ちになったのは今まででははじめてだった。だから真一は「そんなに酔ってしまったのかな」と自分の心のときめきを疑ったという。

「雅子ちゃん、中に入ってジュースでも飲んでいったら」

と店のマスターから声をかけられ、雅子は入ってきた。

雅子は一見大人びた印象を与えるが、〝遊んでいる女の子〟ではない。友だちと外出することも少なく、母親が心配するほどである。内向的で人見知りするので、初対面の人とはほとんど話をしたことがなかった。そんな雅子が自分でも不思議なくらい、初対面の真一とはいろいろなことをしゃべったという。

その晩、真一は雅子を家まで送って行った。

「四日後が、僕の給料日なんだ。何かごちそうしてあげるから、もう一回会おう」

と真一は雅子にデートを申し込んだ。そして二人は四日後の午後四時半に、真一の会社の前で会う約束をして別れた。

真一は四日後が待ちどおしかった。でも、酔っぱらって言った僕の言葉なんか信じてくれないだろうと、なかばあきらめていた。

雅子のほうも、また真一と会えたらいいなと思っていた。でもあの晩は真一が酔った勢いでデートを申し込んだのかもしれない、たぶん約束を忘れているだろうと思った。真一の仕事は四時半に終わる。「来てくれるといいな……でも来てくれないだろうな……」と真一は胸をドキドキさせながら、会社の門を出た。

「あ！　来ている！」

雅子は一人で行くのが恥ずかしいので、友だちと二人で来ていた。

こんな偶然の出会いから、真一と雅子の交際は始まった。二人は会うたびに互いに強くひきつけられていった。

真一は、初対面で雅子に好感をもった。外見は大人びているが、付き合ってみると、純真で、幼さを残す「女の子」だった。そんな雅子をますます好きになった。

雅子も彼なら安心してなんでもしゃべれた。友だちのこと、学校のこと、勉強のこと、話はつきなかった。彼はとても優しかったが、間違っていることは厳しく指摘してくれた。そんな彼を心から信頼できた。

附属高校を中退し、定時制で自分の道を模索した真一

真一は、雅子と知り合った当時、都立定時制高校の四年生であった。彼は私立のA校に入学したが二年で中退し、定時制高校へ転校した。

彼の入学したA校は、野球で名の知られている私立の高校である。彼は中学時代、バレーボール部で活躍したが、高校では野球をやりたくて、A校を選んだ。

A校は、△△大学の附属高校なので、三年間の学校生活がまじめで、かつ成績が良好だと、推薦で△△大学に進学できる制度がある。両親は真一が△△大学に進学し、体育の教師になることを強く期待していた。真一も三年間野球部で一生懸命やるぞと大きな夢をいだいて入学した。

真一と一緒に野球部に入部した新入生は一二〇人いた。真一は一生懸命練習したが、クラブの上級生・下級生の封建的関係、リンチ体質にはがまんできなかった。

真一は中学時代バレーボール部のキャプテンをやったが、彼は実力主義の方針でクラブを運営した。練習着に着替えたら、生徒の上下関係はなかった。先輩に実力でぶつかれと下級生を励まし、下級生でもうまい子は試合に出すというやり方だった。

ところが、A校の野球部では上下関係が厳しく、先輩にはなぐられても何も言えずペコペコしなければならない。それも練習で厳しくされるのなら、「ようし、頑張るぞ」とファイトがわくが、練習外での態度が悪いといっていじめられるのはみじめだった。ボールをぶつけられたり、スパイクでぶんなぐられたりして、生傷が絶えなかった。下級生がひとりでもワクを乱せば下級生全員が夜の八時、九時まで正座をさせられた。上級生はその前でわざとカップラーメンを食べている。

入部した時一二〇人いた一年生も、三か月後に半分、半年後に半分、そして最後には二〇人になってしまった。真一も夏休みが終わってから退部した。

野球部を退部した後、他のクラブへ入ろうかと思ったが、他のクラブの様子を友だちに聞いてみると同じようなやり方だった。

野球部をやめた真一は、高校生活に目標が見いだせず、次第に学校がおもしろくなくなっていった。何としても「生きている」実感がわかなかったのである。

真一は働きたくなった。いくつかアルバイトをしてみた。高一の夏休みには、自動車工場でスポット溶接の仕事もした。高二の夏休みにはチョコレート工場でチョコレート製造の仕事を、冬休みには喫茶店でウエイターもやった。

いろいろなアルバイトをしたが、一番印象に残ったのは自動車工場の仕事だった。スポット溶接の作業は、やけどをするし、暑いし、決して楽ではない。でも汗をかき、油にまみれ働いたという充実感があった。単純な仕事だけど、その時は他人より何かぬきんでてやろうとチャレンジした。少しでも多くの仕事をやりとげよう、他人より速くやろうと頑張った。

「今日の仕事はもうやってしまったから、三時間ぐらい遊んできなさい」と現場主任から言われたこともあったという。

喫茶店の仕事は楽だったが、働いた気がしなかった。「コーヒーを運ぶぐらいの仕事は俺じゃなくてもできる、誰でもできる仕事だ。俺じゃなくてはできない仕事、働いたぞという労働のほうがやりがいがあった」という。

働いた時の充実感に比べ、高校生活は味気なかった。真一は、だんだん学校へ行くのがいやになっていった。彼はその学校を高二で中退し、昼間働きながら、定時制高校へ通うことを考えてみた。そして両親に相談した。

「せっかく高二まできたのに、なぜ中退するのだ」

と両親は転校に強く反対した。

真一は近所に住んでいる叔父にも相談してみた。

「本人に学校へ行く気持ちがないのに、行くのは無意味だ。ただ学校へ行って家へ帰ってきて、それをくり返しているのでは、なんにもならない。やっぱり、自分が何か目的をもつことが必要だ。真一が、自分の道を考えたんだったらそれにどんどんあたっていったほうが良い。自分がやりたいと思うことをやるのが一番だ。叔父さんが、お父さんやお母さんに話してあげよう」

叔父は、真一の考えを支持し、両親を説得してくれた。

真一はA高校を二年で中退し、都立定時制高校の三年に転入した。A高校では教師と生徒の関係は冷めていた。生徒が問題を起こすと丸坊主に刈りあげられたり、停学や退学処分にされた。教師と生徒の心の交流はなかったが、真一は高校とはこういうものだと割り切っていた。ところが、転校した定時制高校は担任の教師が生徒一人ひとりのことをとてもよく考えて親身になって指導してくれた。生徒たちもいろいろな環境の人が集まっていて、とても打ち解けた雰囲気だった。

昼間働いた後の勉強だから、疲れて授業中寝てしまうこともあった。そんな時、教師は寝かせてくれる。そして大事なところにくると、「おい、起きろよ」と声をかけてくれた。真一は野球部に入部したが、A高校とはまったく雰囲気が違って、のびのびしていたので、彼は休日は練習に励み、リーダーとして、チームを引っぱっていった。

そのうち真一は求人広告で、○○工業のアルバイトを見つけた。働くなら、自動車工場での溶接のような汗を流す労働をしたかったし、機械関係の仕事に興味をもったので、応募してみたのである。

最初はできあがった機械製品を、伝票と照らし合わせながら、選《よ》り分ける作業だったが、他人より速くやろう、良い仕事をしようと、いろいろ工夫してみた。アルバイトではあったが、自分の仕事の内容に自信があったので、社員からまちがっていると言われても引き下がらずに、けんかになったこともあった。が、それがかえって周囲から仕事熱心と認められたようであった。昼間の仕事と定時制高校の両立は苦労が多かったが、A高校時代よりよっぽど張り合いがあった。彼はアルバイトとはいえ、無遅刻無欠勤で頑張って働いた。

三年生の終わり、一月になってのこと。会社の上司は、真一の熱心な仕事ぶりを評価し、彼に正社員の試験を受けるように勧めた。○○工業は一部上場企業だ。真一は全日制高校を中退し親を落胆させたので、○○工業の正社員になって親を喜ばせたかった。彼は絶対に○○工業の正社員になりたいと思ったという。

入社試験では、学科試験、作文、面接が行なわれた。作文のテーマは「私の課題」。真一は「しめた!」と思った。このテーマなら、自分がA高校を中退した時の悩み、そして社会に出た今、痛感していることを書けばいいからだ。

「自分は高校在学中、目標がもてなかった。高二で中退し、定時制高校へ通いながら、手さぐりで自分の道を探してみることにした。そして現在の仕事にめぐり合った。

学校と社会ではその厳しさがまったく違う。高校在学中の甘い、無責任な考えでは社会で通用しないことが骨身にしみてわかった。社会の厳しさがわかり、自分をかけることのできる仕事をみつけた以上、精一杯努力してみたいと思っている……」

こんなふうに自分の気持ちを作文に書いた。人事担当者はこれを読んで、迷うことなく真一の採用を決定したという。

正社員になれて、真一はとても嬉しかった。転校に反対だった両親も「お前が自分で探した、お前に一番適した良い道だったね」と心から喜んでくれた。

正社員となっても、試用期間が半年あった。試用期間が終わった七月からは、まだ定時制四年だったが、全日制高校を卒業した場合とまったく同等の扱いにしてくれた。
○○工業は、大企業なので、真一が中退せずにA高校を卒業していたら、入社できたかどうかわからなかったという。真一は定時制高校に転校して頑張った甲斐があったと思った。そして自分の生き方に大きな自信をもつことができた。

二人の愛のはじまり

雅子と真一のはじめての出会いは、四月の初めだから、真一が、試用期間中のこととなる。二人はその後、頻繁に会うようになった。会うたびに二人の気持ちは通じ合っていった。

六月の初め、真一は雅子に指輪をプレゼントした。

「普通、高校生が指輪をあげるのと違って、この指輪をあげるのは、雅子と婚約するという意味なんだ」

真一の言葉を雅子はしっかり受けとめた。そしてプレゼントされた金の指輪を、いつも左手の薬指にはめていた。実はこの指輪を、化学の実験でアマルガムにしてしまったのだ。雅子は半べそをかいて、真一に電話をしたという。真一の会社は、機械関係の会社だが、金属に関する部所もあり、そこでその日のうちに元の金の指輪に戻すことができた。

雅子が夏休みに喫茶店でアルバイトをしてみたいと言い出した。真一は自分の経験をふまえ、彼女にアドバイスした。

「アルバイトをするなら、自分のプラスになるものをやらなければ駄目だ。喫茶店のウエイトレスをやって、遊び半分で楽して金が入るなんて考えをもったらマイナスになる。こんなに苦労した金なんだから無駄にできないと考えるような仕事をやるべきだ」

真一は、自分の会社のアルバイトを雅子に紹介した。

雅子は彼の助言を嬉しく思った。彼と一緒の会社で働くことができるのも喜びだった。仕事はできあがった製品にラベルをつける作業だが、雅子にとってはきつかった。しかし、雅子は二日欠勤しただけで頑張った。こんなにひとつの仕事に一生懸命取りくんだのは雅子にとってはじめての体験だった。

仕事が終わって、二人で食事をしながら、いろいろなことを語り合った。二人の結婚したいという気持ちはますます高まっていった。

千葉旅行が親に知られて

会社の夏休みを利用して、真一と雅子は千葉へ旅行する計画を立てた。二人とも親には内緒だった。

真一は会社の同僚と行くと親にうそを言って出かけた。雅子のほうは、学校の友だちと旅行すると母親に言ったが、母親は今まで家にとじこもりがちな娘が社交的になったと喜んでいたという。

ところが、ある日、真一の母親が彼の日記をふと見てしまった。その日記には夏休みに二人で千葉へ旅行したことが書かれていた。

驚いた母親は息子を厳しくしかった。そして、息子の不始末を雅子の両親に詫びて、二人の交際を許してもらうまでは、雅子に会ってはならぬときつく申し渡した。真一の部屋は一番奥にあり、玄関を出るには親の部屋を通らなければならない。雅子と会う約束をしていたが外に出るに出られず、窓から脱出したという。

真一の母親の、折り目正しい人柄がうかがわれ、今となればほほえましいエピソードだが、当時は本人も親も必死だったに違いない。

その後二人の交際は両方の親の認めるものとなった。雅子の母親は、真一の人柄に好感をもち、「雅子は真一さんと付き合うようになって、明るくなったね」と喜んでいた。

二人の赤ちゃんが欲しいね

真一と雅子がはじめて結ばれたのは、千葉旅行の前だった。

二人は「性」の問題を取り立てて話し合ったことはなかった。互いに相手を思う気持ちが高まるなかで、自然に結ばれたという。

はじめての時、二人は「絶対別れない」と固く誓い合った。

真一は「雅子が好きだから、雅子の子どもが欲しい」と思うようになった。雅子も真一の赤ちゃんが欲しかった。しかし二人は親のこと、雅子の体や学校のこと、真一の経済力などを考えて、躊躇した。とりわけ、雅子の母親が高血圧なので、ショックを受けるとたいへんだなという心配が大きかった。

真一は定時制高校の友だちに相談してみた。

「好きで好きでたまらない女性がいて、その女性の赤ちゃんが欲しい時、どうする？」

友だちは、

「自分ならつくらない。子どもをつくって、結婚しても収入が少なくてやっていけないよ。それにこんなに若いのに子どもをつくって、世間に恥ずかしい……。彼女はまだ高校生だろ、高校をやめて何になるんだ、早すぎるよ」

と出産や結婚に反対した。

真一は中学時代の何人かの友だちにも聞いてみた。

「おめでとう、結婚してもいいんじゃないの」

「お見合いで結婚するよりいいよ」

「俺は親のスネかじって大学へ行って遊んでいるけど、お前のほうがよっぽど立派だよ」

手ばなしでほめられると、逆に真一は不安になった。

「俺の身になって、現実的にいろいろ考えてくれよ」と真一は言った。

「そうだな……彼女が高校生だからな……収入的にも無理かもしれない。もうちょっと我慢すべきかな」

「彼女が高校中退しても、子どもを産んでから夜間へ行くこともできるんじゃないか……」

「収入的にも、真一ならガッツがあるから、やっていけるかもしれないぞ」

友だちの親身な助言はありがたかった。

真一は自分の給料を何回も計算した。正社員になったとはいえ、雅子と赤ちゃんを食べさせるには少しきつい。親がどう思うか。どう説得するかも考えた。雅子の体が弱いことも心配だ。高校を中退させてしまうのも、雅子の将来に不利だ。

でも、子どもが欲しかった。だんだんその気持ちは強まっていった。真一はやっていけるかという不安より、やっていくんだという気持ちに傾いていった。その気持ちは、雅子の「赤ちゃんが欲しいね」という気持ちとぴったり重なった。

最初の頃は、まだ「子どもをつくってはいけない」と考えて避妊していた。二人の気持ちが固まってからは、「きょうは赤ちゃんをつくろうね」と避妊をやめた。

一回目は、うまくいかなかった。一か月後にようやく目的を達した。

赤ちゃんが、できた!

雅子は、予定日になっても生理がないので「もしかしたら、赤ちゃんができたかな」と嬉しくなった。すぐ真一に打ち明けた。

三週間過ぎても、生理がこなかった。二人は胸をドキドキさせながら、産婦人科医院を訪れた。診断の結果、やっぱり妊娠していた。

もちろん、出産することに迷いはなかったが、雅子の学校のこと、そしてなによりも親にどう打ち明けたらよいかが二人にとって大きな課題だった。

学校のほうは、二日後に中間試験が控えていた。真一は雅子の友人である里子に電話をかけ、妊娠の事実を話した。

「やっぱり妊娠していました。外にいる時は僕が守ってやれるけど、学校にいる時は、見てやれないので、雅子の体のことを気づかって欲しい」と頼んだ。

雅子は中間試験をきちんと受験し、登校を続けた。ちょうど流産しやすい時期ということで、登校中、駅の階段でころびはしないかと二人はずいぶん気をつかったという。

真一と雅子は毎朝、待ち合わせをした。真一は雅子を駅まで送ってから、出勤した。学校では里子が雅子の体を気づかい、それとなく面倒をみてくれた。

真一はできれば雅子を高校中退という形にしたくなかった。しかし出産の道を選ぶ以上、退学するのはやむをえないと二人は決断した。

残された難問は両方の親にどうすれば認めてもらえるかだ。まず、両方の親とも出産に反対するだろう。二人は結婚後の生活について、しっかり見通しを立てて、親に認めてもらうしかないと考えた。

二人は一か月もかけ、結婚後の生活の見通し、親への説得について相談に相談を重ねたという。

「今回は中絶しなさい」

雅子の母親は血圧が高かった。雅子の妊娠を知ってショックのあまり病気になりはしないかと二人は心配した。でも、雅子の母親が一番話しやすかった。二人は相談の結果、最初に雅子の母親に打ち明けることにした。

雅子の母親は、娘の妊娠を信じることができなかった。真一のことを信用していたのに裏切られたという思いがこみあげてきた。

いったい、なんのために今まで雅子のことを育ててきたのだろうか？　雅子を東横学園に入れたのは短大があるからだ、雅子の兄や姉は全員大学を卒業させた。雅子にも高校卒業、せめて短大へは行かせるつもりだった。真一とゆくゆくは結婚させるとしても、今、出産するからには、高校を中退しなくてはいけない。雅子はまだ十六歳ではないか。まして、体が弱い。こんなに若い体で出産や育児に耐えられるだろうか。

「今回は中絶しなさい」

と、母親は強く言い張った。

母親は、雅子を、自分が雅子を産んだ産院へ連れていった。雅子の体が心配なので、信頼できる医師にきちんと診断してもらいたかったからである。その医師から、あとで母親に電話がかかった。

「お嬢さんが、赤ちゃんのことをとっても思いやるので、その場では気の毒でお話しできなかったのですが……。実はお嬢さんはまだ若いので子宮が未成熟なため、赤ちゃんが育っていません。このままいくとたぶん無理でしょう……」

ということだった。母親は、雅子と真一にこの事実を告げた。

「どうせ未成熟で流産してしまうなら、はやめに中絶したほうがよい。今回はあきらめなさい。雅子の体がもっと丈夫に成長してから、元気な赤ちゃんを産みなさい」

その話を聞いた二人の悲しみようは、母親の想像を超えていた。医者の話を告げれば、あきらめると母親は思っていたが、雅子は「絶対に赤ちゃんを守るんだ」と泣きくずれた。わが娘の泣きくずれる姿を見て、母親は決心をしたという。

「この子がこんなに赤ちゃんを産みたがっている……。二人の真剣な気持ちがよくわかった。お父さんに、私から話してお願いしてみましょう」

二人にとって、雅子の母親がわかってくれたことは力強かった。しかし一度産ませようと決心した母親も、雅子の体を案じて、何回か動揺したという。

雅子の父親は、娘の妊娠を知らされ、母親以上に打撃を受けたようだ。雅子は父親に怒られるのを覚悟していた。しかし、父親は無言だった。

父は、末っ子のしかも年をとってからの子どもである雅子をとっても可愛がってきた。それが高校二年で妊娠し、結婚するというのだ。食事ものどを通らないほど、父親は憔悴したという。

数日後、父親は真一に自分の気持ちを話した。

「自分の娘がこんなになって、君のことを本当になぐりたい気持ちだ。だが今さらなぐってもなんの解決にもならないので、私はなぐらないが、ショックだ。二人がどうしても産みたいという気持ちがあり、決心が変わらないのなら、産みなさい。しかし、本当に自分たちで生活していけるのか?」

父親は真一に給料のこと、生活費のことなどいろいろ質問した。

真一は、

「自分たちだけの力でやるつもりです。僕が毎日残業すれば手取り十四万円ぐらいになるので、ぜいたくはさせられないけど、なんとかやっていけそうです」

と答えた。

父親はさらに言った。

「残業がなくなったら、どうやっていくのだ。そのへんもきちんと考えておきなさい。二人の将来は長い。普通の夫婦より五年から一〇年長い、そのハンディをどうするかだ。その五年間、友だちは遊んでいるだろう。それに耐えられるか。そのへんを二人がよくここ ろえて、はみ出すようなことはするんじゃないぞ」

父親は二人の結婚、出産を許したものの、雅子の高校中退が心残りだった。

「私は、雅子に短大を出させ、二年間ぐらい働かせて結婚させようという夢をもっていた。二人は父さんのその夢をやぶってしまった。だが、どうしても雅子に高校だけは出させたい。これは真一君への頼みだ。高校だけはどうにか出させる方法を考えてやってほしい」

真一は父親に申し訳ない気持ちでいっぱいだった。父親に頼まれた雅子の高校のことは、自分でも考えていたことだった。

やっと、親にわかってもらえた

真一の両親もはじめは出産することについて強く反対した。

「千葉へ旅行に行ったということだけでも、世間に顔向けできないのに、まして妊娠させたとはどういうことなのだ」と両親の怒りは大きかった。

「雅子さんがまだ高校生だということをよく考えなさい。高校を中退すれば将来きっと後悔することになる、今回は堕しなさい」

真一は七歳上の姉と二人姉弟である。姉はすでに結婚しているが、その姉の夫は、真一の両親から信望が厚かった。

父親は、彼に相談をした。相談をうけた義兄は真一と二人でじっくり話をすることにした。そして何よりも真一の結婚に対する心構えを問い質したのである。

「結婚して家庭をもつことは予想している以上に厳しいんだぞ。誰にも甘えられないぞ。親にも甘えられないんだぞ。家賃、食費、光熱費、子どもの養育費など計算してみたか？

親にいっさい面倒をみてもらわずに、本当に自分たちでやっていく自信や見通しがあるのか」

真一は、

「ぜいたくはできないけど、自分の給料で、雅子と子どもが生活できる見通しはある。もちろん、親に面倒をかけずに、ひとりでやっていくつもりだ」

と言い切った。

義兄は真一の決意のほどを、わかってくれた。結婚させて、子どもを産ませたほうが、二人のためになると判断し、父親を説得したのだった。

父親は堅実な男として信頼する長女の婿の意見に動かされた。

父親は真一に、

「お前の勝手にしろ」と言った。

これは、真一の結婚に同意したという意味だった。

真一の母親のほうは、厳しく忠告した。

「お前たちの真剣な気持ちがわかったので、二人が結婚することは認めよう。結婚する以上は、飽きたから離婚するなんて、許せない。お前たちは世間から非難されるような行動をしたのだから、若いのによくやっていると世間から見直されるようになりなさい！」

真一と雅子は、親たちが結婚と仕事を許してくれなくても家を出て自活する覚悟だった。でも家族から祝福されて子どもを産みたかった。二人は親の反対にもめげずに、自分たちの真剣な気持ち、そして自立の決意を訴え続けた。そして、最後には親の気持ちを動かすことができたのだ。

二人にとっても、親を説得する過程が、試練となった。その後の厳しい生活姿勢につながっている。

こんなに親を心配させ迷惑をかけて、やっと認めてもらった結婚なんだから絶対に失敗できない。二人で力を合わせて幸福に生活して親を安心させたい……と、たえず二人は考えているという。

3　赤ちゃん誕生

みんなに祝福されて

友だちって、すばらしいな！

真一は一か月ぶりに中学時代のグループ三人と会った。

「俺、好きな子がいて、子どもをつくろうかと悩んでいて、前に相談したことがあったけど……実は、子どもができたんだ」

友だちは、

「そうか、できちゃったんなら、結婚しろよ。お前も産ませたい、彼女も産みたいんだから結論ははっきりしてるじゃないか。前にも俺言ったけど、彼女が高校やめても、夜間出せるじゃないか……」

「俺たち、たまにしか遊びに行けないけど、困った時には相談にのるよ。自分たちも困った時には相談にのってほしいな。俺たちが結婚する時は、アドバイスしてくれよな！」

と、心から喜んでくれた。

そのうちのひとりは、涙を流しながら、

「本当に彼女を悲しませちゃダメだ。二人で力を合わせて頑張ってほしい」

と言ってくれた。

真一は、友だちのありがたさをつくづく感じた。こうやって友だちから励まされると、ガッツがわいた。

定時制高校では、雅子の妊娠を知ったクラスメートは「無謀だ！」「彼女がかわいそうだ！」と真一を非難した。特にクラスの女の子からは「高校生の彼女に、赤ちゃんを産ませて、なによ！」と手厳しく怒られた。

真一は、心外だった。H・Rの時間に、自分の真剣な気持ちを切々と訴えることにした。彼の話を聞いたクラスメートは、自分たちの誤解に気づいた。担任の先生も心から励ましてくれた。

そして、クラスのみんなで、真一と雅子を招待し、祝福してくれたという。

二年二組の仲間として

真一は、Ｈ・Ｒで自分の気持ちを訴えた。しかし雅子のほうは、クラスメートが事情を知る前に退学してしまった。

私はクラスの生徒に雅子を祝福してほしかったが、その方法は生徒たちに任せた。委員長と副委員長が先頭に立って、終礼の時間に何回となく相談を重ねていた。

「一二月一〇日に結婚式を挙げるということなんですけど、私たちで、何かできることありませんか？」

「みんなで式場にかけつけたいけど、期末試験の直前だから、つらいなあ……」

「みんなの気持ちを祝電にして、打ったらどうかな」

「だったら、二組一同として祝電を打つほかに、式場に近くて行きやすい人や、ぜひ行って祝福したい人がクラス代表として式場へ出かければいいと思う」

「式場に押しかけて、迷惑にならないかしら」

「あらかじめ式場に電話して、式が終わる時間を確かめておいて、その時間に行けば迷惑にならないんじゃない。式が終わって、二人が外に出てくるのを待ちかまえて、クラッカーをパーンとならし、紙ふぶきをまいて祝福したらどうかな」

「雅子に内緒にしておいたほうがいいんじゃない。きっとびっくりすると思うわ」

こんな議論のなかで「クラスで祝電を打つ」ことと、「代表が式場へ祝福に行く」ことが決まった。

「私たちが事情を知る前に、雅子は退学しちゃったでしょう。やっぱり直接雅子に会っていろいろな話をしたいな」

「雅子が九州の新婚旅行から帰ってくる時には、私たちの試験も終わっているわよね。だったら、その頃、雅子を励ますパーティーをやらない?」

「パーティーをやることに賛成! 雅子は学校に来るのが気まずいだろうし、外でパーティーをやったほうがよいと思う」

「外でパーティーをやるのは反対。だって会場を借りたりしてお金がかかるでしょう。それに着ていく洋服だって考えなくちゃいけないし……」

祝賀パーティーをやることは全員賛成のようだが、校外でやるか校内でやるかをめぐって、意見が対立した。

「雅子が学校へ来づらいんじゃないかという意見があるけど、本当にそうかな。雅子が学校へ来て、二組の仲間として励まし合うのが大事だと思うわ」

「校外で会場を借りるといっても、安くて良い場所があるかが問題じゃないの」

しばらく意見がたたかわされたのち、採決となった。結局、試験終了後、映画鑑賞日の午後、校内で雅子を祝福するパーティーをやることに決まった。

電報の電文を考えたり、パーティーの買い物の分担をしたり、お金を集めたり、試験前にもかかわらず、生徒たちは精力的に準備をすすめていった。

ウエディングドレスに包まれて

結婚式の翌朝のこと、朝のH・Rで、委員長から昨日の報告がなされた。

「昨日、私たち十三人で雅子の結婚式に行ってきました。花束と紙ふぶきを用意して、結婚式の終わるのを外で待っていたんですが、家族の方がぜひ花嫁姿の雅子を見ていってほしいと言ってくださったので、中に入りました。ウエディングドレス姿の雅子は、もうお人形さんみたいにきれいでした！」

真一と雅子は身内だけのささやかな結婚式を挙げた。真一は結婚式、新婚旅行の経費を一切自分の貯金でまかなったという。

私は結婚式に行かなかった。生徒の自発的な動きを見守っていた。委員長の報告を聞いていて、雅子の花嫁姿が目に浮かんだ。

雅子のウエディングドレス姿は、本当に可愛らしかったに違いない。家族から、友だちから、みんなに祝福されて結婚することができた雅子は幸せいっぱいだったであろう。

この日を境に、雅子は親から自立し、巣立っていった。仲間より一歩も二歩も先に……。

自分の選択した人生、くじけずに力強く生きていってほしい。委員長の報告を聞きながら、私は熱い思いがこみあげた。

雅子を囲んでパーティー

「雅子、まだ来ないの？」

時計の針は、約束の一時半を過ぎている。テーブルには、お花やお菓子、パンがきれいに並べられ、雅子の登場を待つばかりになった。

これから雅子の祝賀パーティーをするのだ。午前中、渋谷での映画鑑賞会を終えたあと、みんなで手分けして買い物をし、学校に集合した。

「雅子、遅いね。どうしたんだろう」

「時間を間違えたのかな」

生徒たちは、おなかがすいてきたこともあってチョッピリ不安になってきた。

「じゃあ、私、校門の所で雅子を待っているわ」と言って、里子は部屋を出た。

「雅子を待っている間に、司会を誰にするか、どう進めるか打ち合わせをする必要があるんじゃないの」

「いつも委員長、副委員長がやっているから、今日の司会は別の人がいいんじゃない。委員長には挨拶をしてもらわなくちゃならないし……」と私はアドバイスした。

「美紀ちゃん」という声がかかった。

美紀ちゃんは、「私、司会なんてできないよ」と尻ごみする。もめている時間もないということで、強引に美紀が司会をやらされることになった。

会の進行は、あまりかたぐるしくならないように、その時の雰囲気でやっていくことになった。司会の美紀ちゃんはとても不安そう。まわりのみんなも、白けずに雰囲気を盛り上げることができるか心配そうだ。

部屋の窓から、外を見ていた生徒が、「あ！　雅子が来た、来た」と大きな声で叫ぶ。

とたんに部屋の中が、活気づいた。

雅子が部屋のドアを開けて、入ってきた。

「おめでとう」と大きな拍手がわく。

「ごめんね、遅くなっちゃって」

雅子は薄化粧をして、すっかり女性らしくなっていた。

美紀ちゃんが、たどたどしく開会宣言。続いて、委員長が挨拶。

「今日は、わざわざ学校まで来てくれてありがとう。私たち一同、心より雅子の結婚を祝福します。たいしたものはないんですけど、お菓子や飲み物を用意しました。それを食べながら、雅子を囲んで楽しいひとときを過ごしたいと思います。

きょうのこの集まりが、私たちにとって思い出深いものになるよう、そして雅子が無事に赤ちゃんを産むよう祈りたいと思います」

みんなの拍手を受けて、雅子は、

「どうも、みんな、本当にありがとう。これ私のおみやげです。みんなで食べてください」

とお菓子のカンを二つ差し出した。

「わあ！　すてきなお菓子！」と喜びの声。

「次に先生からも一言」

予定していなかった指名にドッキリ。

「雅子がクラスのみんなに祝福されて、結婚できたことを、私も心からうれしく思っています。雅子は、みんなより早く自立しました。ここにいるみんなの一人ひとりの道は違っても力一杯生きていくことを誓い合える今日の集まりにしたいですね」

「みなさん、おなかがすいていると思いますので、しばらくまわりの人とおしゃべりをしながら、食べてください」

ここまでは、美紀ちゃんの司会で進められたが、あとはフリートーキングとなった。雅子が持ってきた結婚式や新婚旅行の写真がまわりはじめると、誰かが声をかけたわけでもないが、雅子の座席を取り囲むようにみんなが集まってきた。

そして雅子にいろいろな質問がぶつけられた。

「そもそも彼と知り合ったきっかけは？」

「彼って、どんな人？」

「生活費はどうしているの？」

「彼が仕事で昼間いない時はどうやって過ごしているの？」

「お料理、うまくできる？」

「彼のこと、なんて呼ぶの？」

「おなかの赤ちゃん、どんな感じ？　触ってみてもいい？」

「生まれてくる赤ちゃん、男の子と女の子のどっちがいい？」

「つわりがあった？　雅子の場合ひどかった？」

「妊娠すると、酢っぱいものが食べたいというけど本当？」

次々と飛び出す質問に、雅子は照れずに、ていねいに答えてくれた。つわりや酢っぱいものが食べたくなるといった妊娠後の体の変化や、おなかの中の赤ちゃんの様子を雅子から具体的に説明され、生徒らは「へえ！」と感嘆する。

これこそ、まさに生きた性教育といえよう。

「先生の恋愛体験を聞かせて」

自分を犠牲にしなければいけない「愛」なんて

雅子への質問がそろそろ種ぎれになってきた。もしかしたら、私のほうへ質問の矛《ほこ》先が回ってくるのではないかと〝危険な予感〟……。私の予感は的中した。

「次は先生に聞いてみたいな」

「先生は恋愛、それとも見合い結婚？」

「先生とダンナさんのそもそものなれそめは？」

「先生は子どもはつくらないの？」

「先生はダンナさんのこと、なんて呼ぶの？　ダンナさんは先生のこと、なんて呼ぶの？」

「なぜ、先生は結婚しても旧姓のままなの？」

「先生とダンナさんは二〇歳も歳が違うから、ダンナさんが先に死んだらどうするの？」

うちとけた雰囲気のなかで、私はついつい本音で自分の恋愛体験や男性観をしゃべった。

「中、高校は女子校だったので、ボーイフレンドはいなかった。まわりの友だちが自分のボーイフレンドのことを自慢するのを聞くと、私はそんなことに気をつかわないんだとつっぱりながらも一種の劣等感があった。

大学は理系だったので、学年二〇〇名中女子学生は十二名という、高校とは逆転した環境。しばらくは男子の目が気になって、仕方なかった。男子をすぐに恋愛対象としてみてしまう自分の傾向に、女子校出身の体質を強く感じた。

そして大学で二年上の先輩と交際するようになる。周囲も当然結婚するものと見ていた。彼は自治会の副委員長をやっていて、ある意味では活動的であったが、男女観は保守的で、私が大学を卒業したら結婚して彼の家に入るものという考え方だった。

私は結婚して、家庭にとじこもることに疑問を感じ、二、三年という条件つきで就職することを彼に認めてもらった。

しかし教師になって、自分の知らない世界がどんどん開ける。生徒とぶつかり合って、つらいこともあったが生きている充実感があった。もっと勉強して、教師として力をつけたいという欲が出てきた。社会の矛盾も見えてきた。受け身でなく社会を変革する生き方をすべきだと考えるようになった。

彼は大学卒業後、料理の世界に入っていたが、二人の認識は異なった環境の下で、大きくずれていった。

そんな時、みんなならどうする？

彼に自分を合わせる？　彼を変えるように努力する？　それとも別の道を歩む？

私もずいぶん悩んだ。何日も泣き明かした。

結局私は彼から自立して、教師の道を歩むことにした。この失恋のなかから、自分を犠牲にしなければ成り立たない結婚なら、しないほうが良いと考えるようになった。

そして現在の夫、石井と知り合う。当時、彼は離婚していてひとりで生活していた。彼には、外見上のカッコウ良さなんてちっともない。顔はまずいし、足は短いし、しかもオジンだし……。でも人間で一番大事なもの、自分の人生観、世界観をもっていた。好奇心旺盛で活動的、そしてちょっと間が抜けていて人間くさいところにひかれたのかな」

私はそこまで一気にしゃべった。

互いに自由が広がる結婚をしたい

生徒は担任というより〝生《なま》〟の女性としての原田瑠美子の生きざまに耳をかたむけているようだ。

「石井と結婚する時、互いに自由を束縛せずに、むしろ自由が拡大する結婚にしようと、よく話し合った。

家事労働も二人で分担しているし、生活費も均等に出し合っている。だから互いに相手に気がねすることなく、自分のこづかいで、好きなものを買ったり、趣味をもったりしている。普通、男性は妻が自分より知識を吸収することを嫌がるが、うちは大歓迎。私が映画を観たり、スペイン語を勉強したり、フラメンコを習ったりすると、私を通して、自分の知らない世界にふれることができるということで、彼は喜ぶ。逆に、私も彼の趣味、スキーや釣りに付き合うことで、楽しみの世界が広がった」

生徒はうらやましいなと言いながらも、

「先生のうちは、ダンナさんが理解があるから例外よ。普通はそうはいかないわ」と反応する。

「男性の理解が足らないこともあるけど、女性自身が妥協していることのほうが私は問題だと思う。結婚する前によく話し合って、約束するの。女性が権利を主張しなくては変革できないわ。でもこれは女性も仕事をもって社会的にも経済的にも自立していることが前提ね」

「子どもについては、私自身の気持ちが揺れ動いている。彼は先妻との間に二人の子どもがいるので、私自身の選択に任せるという。子どもを育ててみたい気もあるけど、今の生活のパターンを変えるのも少し気が重いし……。そんなことで悩んでいる。

それから、私が旧姓の『原田』のままで通している理由だけど、女性も社会的な仕事をもっていると結婚や離婚のたびに姓が変わるのは不都合。私も東横学園で『原田先生』という特定のイメージができていたので、それを変えたくなかったというわけ。離婚しても、前の夫の姓をそのまま使って良いということが法律で認められたけど、私のは、さらにその先を実行していることになるのよ」

私は自分の体験を語ることによって、生徒が女性の自立、結婚について、深く考えてくれることを期待した。

私の体験談を聞き終わったあとも、理想の男性像、恋愛と結婚、と生徒たちの話はつきなかった。

そろそろ終わりにしようかという声がかかった時は、すでに窓の外は薄暗くなっていた。

この集いが、生徒の心の中にどのように残ったであろうか。

雅子の結婚、出産問題を通じて、生徒らはそれぞれ自分の人生、自立の道を考えたに違いない。

雅子を通して自分の生き方を見つめる

ここに紹介する生徒の作文は、雅子の結婚から発展して、自分の生き方を見つめる姿勢で書かれている。

＊

藤井　千恵

「雅子！　おめでとう！」。冷たい風に紙ふぶきが舞う。突然のクラッカーの音に驚いていたみたいだったけれど、雅子の笑顔は幸せ色だった。雅子が子どもを産むことについても、結婚することについても、今一つ納得できなかった私は、彼女の花嫁姿を見てはじめて「これで良かったんだな」と心から思いました。

雅子のこと……真一さんが雅子のことを大切に思っているのはすごくわかるんダ。でも雅子は高校生なんだから、もう少し体のこと気づかってほしかったのです。真一さんは遅かれ早かれ雅子と結婚するつもりだったみたいだし、雅子も「子どもができたから……仕方ないから結婚するんじゃない」って言っていたけれど、学校を、自分のことを犠牲にしているところがあると思うのです。

ただ、彼女がとっても恵まれていたのは、彼が社会人で生活能力があるっていうこと。もちろん、彼の手取りのお給料だけで家賃を払って光熱費やミルク代やなんやで大変だろうけど。でも双方の両親が理解してくれたこと、そしてクラスメートのはげましは、すごく雅子の支えになると思います。

今、真一さんも雅子も赤ちゃんのことで頭がいっぱいで、ちょっぴり走りすぎちゃっているみたい。世間の目も二人が考えている以上に冷たいかもしれない。雅子は私が遊んでいるとき、家で赤ちゃんのオムツを取りかえているのかな。あと一〇年して落ち着いたとき、彼女はまだ二六歳。自分の高校時代を振りかえって後悔することもきっとあるんじゃないかな。その時、自分でこの道を選んだときのことを思い出してください。

雅子は目立たない子だったけど、私たちにあらゆる道に通じる教訓を残してくれたように思います。

私には「がんばって」としか言えないけど、「雅子」に与えられた「時」を大切にしてください。

——幸せになってねっ——

*

宮田　洋子

「雅子が結婚する」と先生から聞かされた時、大変ビックリした。結婚するなんて、予想もしていなかったから……。「私たちにとって、結婚なんて、まだずっと先の事」と考えていたのです。今まで結婚について、こんなに身近に感じたことはなかった。「私も、もう結婚してよい年齢になったんだ」と思うと、なんだか、もっと大人にならなくてはいけないと感じます。だって、雅子は、これで一人の妻となり、母となり、一家を築きあげていかなければならないのです。もう雅子は社会人となってしまったのです。これからは少しのあまえも許されない生活を送っていくのです。ところが親の援助のもとで、学校へ行っている私には「大変あまえがあるのでは?」と思うのです。

今の学校生活のなかで皆あまえている面がたくさんあると思います。そして、皆、そのあまえにひたっているのです。まあ、なかには自分に厳しく、あまえなど持たない人もいますが、私はあまえにひたっているなかの一人です。雅子のことを考えると、いつまでも子どものようにあまえてはいけない、もっと大人にならなくては、自分に厳しく生きなくてはと思いました。

学校へ通っている私たちは、三年生になると就職の問題や受験戦争が待っています。そして雅子には社会のつらく、厳しいカベがのしかかってくるのです。

この二つの人生、どちらが良いかわからない！　しかし、いずれにせよ、各自が選んだ道なのだから、後悔のないよう、精一杯生きて行こう！

雅子、がんばってね！

香川　恵津子

＊

私がはじめて雅子のことを先生の口から聞いた時、ショックとかいう感情はもたなかった。その代わりに「ああ、もう彼女も自分の道を歩いていくんだ」と思い、それに対しての素晴らしさでいっぱいだった。また、これから彼女は大変だ、頑張って欲しいと思った。

家に帰り、そのことについて考えてみると、さっきは感じなかった「ショック」を感じた。年下の雅子が結婚し、子どもを生む。私には考えられない行動だ……。

でも高校卒業後は、皆それぞれの人生を歩んでいく。そして雅子にとってそれがただ早かっただけなんだ……。私は雅子が自分で必死に悩み考えてこの道を選んだのだから、周囲の人がとやかく言う事ではないと思う。言えないと思う。

人生、結婚――今、八〇年生きることができる時代である。そして私は約四分の一を過ごしたことになる。あと四分の三、この残った日々を私は一生懸命自分らしく生きていく。したい事がたくさんあると考える今、私は簡単に人生の選択ができない。

地球の歴史は考えられないほどの昔から始まり、現在へと続く。その考えられないほどの年月の流れのほんの一瞬に存在している私たち。今を見れば八〇年は長いと感じるが、大きな目で、地球の年月の流れのなかで見ると、人間はなんてちっぽけなんだと感じている。

そのなかで歴史を変える人物は改めて尊敬してしまう。私もその歴史を変えることのできる人間なのだ。みんなも何かに一生懸命やれば、それは自分の人生の中での歴史を創ることになるのだろう。

何かとりとめのない話を書いてしまった。私にはやりたい事がある。私は自分の歴史をやり終えたあと「良かった」と言い切れる人生を送っていきたい。

人間は地球上の生物の中で最も高等な動物である。考え、話せ……等々、それをフルに活用しなければ、人間に生まれてきた甲斐がないじゃないか。

赤ちゃん誕生

安産のお守り

翌年五月、私は高三担任となり、修学旅行で九州をおとずれた。

宮崎の鵜戸神宮。ここは安産の神様として知られている。「安産の水」や「お乳岩」が有名で、さらし飴が名物「お乳飴」としても売られている。

生徒の中に交じって、「安産の水」を飲んだり、「お乳岩」をさわって無邪気に喜んでいた私は、「先生!」と声をかけられた。

「あら、則子さん」

彼女は昨年二年二組の委員長だった。三年でクラス替えになり、今は隣のクラスに所属する。今回の修学旅行では旅行委員長を務めている。

「旅行委員長として、いろいろ神経を使うから、疲れるでしょう。ご苦労さま」

「いいえ、気が張っているせいか、疲れません。毎日とっても良い天気に恵まれて、助かります」

「そうね、空も海もまっ青で、すばらしいわね」

「先生、雅子の出産そろそろですね。私と恵津子で雅子への安産のお守りを買おうかと話していたんですよ」

「みどりたちは、お乳飴を買おうかと話していたわ。みんなの気持ちが通じて、安産だといいわね」

雅子が退学して半年も経つのに、雅子のことを忘れず、その安否を気づかい、安産を祈る彼女たちの温かい気持ちが嬉しかった。

そんなすばらしい友情に支えられ、雅子はきっと元気な赤ちゃんを産むことだろう。

何か異常でも？　予定日が一〇日も過ぎた

修学旅行から戻ってきて、一週間経った。雅子の出産予定日から一〇日も過ぎているのになんの連絡もない。

九州では、安産だろうと話していた私も、いささか心配になってきた。前に医者から子宮が未成熟だと言われたが、何か異常でもあったのだろうか。仲良しの里子に聞けば何かわかるかも知れない。

一時間目の授業が終わって、廊下に掲示されている修学旅行の写真を見ていた。そこへ、ちょうど里子がやってきた。

私が雅子のことを話し出す前に、里子のほうから話が出た。

「先生、雅子の出産予定日がとっくに過ぎているのにいまだに生まれないんだ。とっても心配だな」

「うーん、どうしたんだろうね。私も心配していたんだけど……」

次に偶然、幸子も現われる。

「あら、今、二人で雅子のことを心配していたのよ」

三人が雅子を心配して、そんな会話をかわしていた時、雅子は無事、出産したのだった。

それがわかったのは、その日の夜のこと、雅子の母親から電話があった。

三七五〇グラムの赤ちゃん誕生

「先生、雅子が今朝、無事に出産しました。女の子です。雅子がまず先生に知らせてほしいと言うのでお電話しました。本当にありがとうございました」

母親は、私以上にやきもきしていたに違いない。電話の声は喜びに満ちていた。

私も飛び上がるほど、嬉しかった。その晩、さっそく夫と二人で寿司屋で祝杯をあげた。

翌朝、学校へ行く道々で、元二組の生徒を見かけると、私は雅子の出産を知らせた。

私から雅子が無事女の子を出産したと聞いた生徒は、「わあ！」と大きな声を上げて喜んだ。

学校へ着いて職員室に入ると、里子と幸子が、私のことを今か今かと待ちくたびれていた。

幸子はよく遅刻する生徒だが、この日は雅子の出産を私に知らせようと朝早く飛び起きて学校へ来ていたそうだ。

「先生、遅いよ。私たち先生に知らせたいことがあって朝早くから来て待っていたんだから」

私は、ニヤニヤ……。

「雅子のことでしょう。残念でした。女の赤ちゃんが生まれたこと、私も知っているんだ。だから昨夜、亭主と祝杯をあげて、二日酔いで今朝学校へ来るのが遅くなったの。ごめん、ごめん」

「なーんだ。せっかく先生を驚かそうと思ったのに」

「雅子が女の赤ちゃんを産んだんだよね。私、嬉しくて、なんだかフワーッと変な気分なんだ」と里子は独り言をつぶやき、スキップをふみながら教室へ戻っていった。

その日の夕方、学校を終えてから、里子、幸子と三人で病院へかけつける。

駅まで、パパになりたての真一君が迎えに来てくれた。

新婚旅行の写真で見たことはあったが、私は彼と会うのははじめて。写真ではパーマ頭の、ちょっと遊び人風の男の子に見えたが、実物は、もの静かで落ちついたとても感じの良い青年だ。

病院へ着くと、彼は病室に入る前に、分娩室を案内してくれた。

「ここで雅子が出産したんです。生まれるまで僕も落ちつかなくて不安でした」

そして赤ちゃんのいる新生児室へ案内してくれた。

「三七五〇グラムもあったんです」

大きいだけじゃなくて、髪の毛がふさふさし、目鼻だちがとてもはっきりしている。今まで見た生まれたての赤ちゃんは、顔がまっ赤でくちゃくちゃなのに、この赤ちゃんは子どもらしい。欲目かもしれないがべっぴんだ。

名前はパパとママが相談して「真由美」と名づけた。

「マミちゃん、あなたはみんなから祝福されてこの世に誕生したのよ！

ママのおなかの中で、一時成育が危ぶまれたけど、こんなに大きくなって、生まれてきてみんな喜んでいるわ。

パパとママの愛情にはぐくまれ、すくすくと成長するんですよ！」

同行した里子や幸子も赤ちゃんと対面して、

「わあ、かわいい！」

「髪の毛がふさふさね」

「あんなに、ちっちゃな手、かわいいな」

と感激している。

私たちが病室へ入ると、雅子はすぐに気づき、ベッドから起き上がった。

「雅子、おめでとう！」

「頑張ったね。今、赤ちゃんを見てきたけど、とっても元気な赤ちゃんね」

「どう？　分娩は大変だった？」

「三七五〇グラムなんて大きな赤ちゃんがおなかの中にいたんだから、大変だったでしょうね」

私も含め、出産未経験の女三人は、雅子を尊敬のまなざしで見つめながら、やや興奮ぎみに質問を続けた。

雅子は、もともと色白のぽちゃっとした美人だが、さらにふくらみを増し、産後の疲れなどいささかも感じさせなかった。表情にあどけなさを残しながらも、一〇代とは思えないほど落ちついていた。同年齢の里子と幸子がとても幼く見えた。三〇代のこの私だって、他人から見たら、雅子より幼稚くさかったかもしれない。

幸子が私に言った。

「先生も頑張って、子どもを産みなよ。早く産まないと、年だから難産になるわよ」

「そうね、雅子を見ていたら、私も子どもが欲しくなったわ。私が出産する時は、先輩の雅子からいろいろと教えてもらわなくちゃ。その時は、たのむね」

病室は、しばらく、明るい話声につつまれた。

二人の子育てが始まった

マミちゃんが生まれてから、二か月後、私は真一と雅子の新居を訪問した。

真一は二〇歳、雅子は十七歳になったばかりだったが、この若さで子どもをしっかり育てられるだろうかと心配な気持ちで私は二人をたずねた。でも私の心配は無用だった。子どもができたので、出産後優先的に社宅に入居できたとのこと、二DKのその住まいはとても清潔に片付けられていた。

私が訪れた時は、お昼寝時だったのか、マミちゃんはごきげんななめ。

「オギャー、オギャー」

パパとママは、マミちゃんの泣いている理由をあれこれと考え、マミちゃんに話しかけた。

「マミちゃん、どうしたの？」

「おなかがすいたのかな？」

「おしめがぬれているのかな？」

真一のマミちゃんをだっこしてあやす時の様子、すっかりパパぶりが板についていた。

マミちゃんをお風呂に入れるのは、パパの役割だそうだ。

ママは、

「ああ、ウンチをしていて気持ちが悪かったのね」と言いながら、ティッシュペーパーで、マミちゃんのお尻についているウンチをふきとった。

そしてさっぱりしたマミちゃんにおっぱいをあげた。てっきり人工ミルクを予想していた私は、雅子が母乳をあげていることに、またまた感心した。

「この子、とってもよく飲むの」

マミちゃんは、丸々とふとって、元気そのもの。体重は標準以上だし、ほとんど病気をしないという。

「私、お乳の出が良いから、助かるわ。でも母乳のせいで、マミちゃんの体中に湿疹ができちゃって。お医者さんは母乳によるものだから心配ないと言うんだけど……」
十六、七歳のママは若すぎると世間では批判的だが、昔はそのぐらいの年で子どもを産んで育てたのだ。雅子のおっぱいをあげている後ろ姿がとてもたくましく見えた。
お尻がきれいになって、おなかもいっぱいになったマミちゃんは、両手を大の字に広げ、すやすや、おねんねした。

真一は、現在の生活のこと、そして将来の生活設計について、ポツリポツリと話してくれた。

真一が会社の上司に結婚すると打ち明けた時、

「なんだ、お前、結婚するのか、ずいぶん早いな。苦しいことがあるだろうけど、一家の主なんだから、頑張れ。会社のほうも、入ってきたばかりと思わずに中堅と同じようにみる。少しでも楽な生活ができるように、休日出勤させたり、残業を増やしてあげよう」

と好意的に取り計らってくれたという。

真一は会社の上司や同僚たちの温かい励ましに応えるためにも積極的に仕事に取りくんだ。配属された当時は何もわからなかった仕事も、現在では後輩を指導したり、大学卒の新任者に教えることもあるという。

自分の仕事について、語っている時の真一の顔は誇りと自信に満ちていた。

真一は、毎日残業をしている。昔は残業をしていても、ただ金が稼げるという気持ちだったが、子どもが生まれてからはお金の重みが違ってきたという。

マミちゃんが生まれてからは養育費がかさむとのこと。幼稚園に入るようになればもっと経費がかかるので、今から積立預金をしているという。

さらに、社宅に入居できて、家賃がかからなくなったので、その分を預金して自分の家を建てて親をびっくりさせるのだと目標も語ってくれた。

私が二〇歳の時は親のすねをかじって、遊びほうけていたし、将来の住まいは四畳半のアパートでいいと考えていた。それに比べたら真一たちの堅実さは頼もしいかぎりだ。

私の知っている真一と同年代の青年たち……。

K君は、東大へ合格してほしいという親の期待を一身に集め、高校時代はひたすら、受験勉強一本。

将来はどう生きるか、自分は何を勉強したいかを考えるより、まず東大に合格することが人生の目標だった。しかし何年か浪人したものの東大合格の夢やぶれ、すべり止めの公立大学に無念の気持ちで入学した。

確かに偏差値は高いかもしれない。でもK君の幼い表情、従順な性格のなかに、そのひ弱さを感じざるをえない。

T君は、高校時代は運動部で活躍。まっ黒に日焼けしたスポーツ刈りのT君は、いかにも高校生らしく好感がもてた。

彼は一浪ののち、有名私立大学に入学したが、大学に入学してからは親に車を買ってもらい、バイトと遊びに終始しているようだ。

大学に入るための勉強だったから、大学入学後は勉強する必要を感じないのだろうか。

T君の遊びに出かける姿を見るにつけ、あまりにも勉強しない日本の大学生の現状を嘆かわしく思っている。

このK君、T君は、現在の日本の社会では一般的な青年像といえるかもしれない。一流大学→一流企業が人生の価値基準となっている。それと比較して真一の生き方は対照的だ。いろいろな生き方があっていいし、一概にどちらが良いとは断定できないだろう。

しかし、親の権威や学歴などの肩書にたよらずに、自分の実力で勝負しようと、こつこつ努力している真一の生きざまに私は心を打たれた。若者の一途さや情熱を感じ、心から「頑張ってね！」と声援を送った。

4　二人の「愛」と「性」と「生」

私は二人の新居を訪問し、互いに信頼、協力し合いながら子どもを育てている姿を見て感動した。私はこの感動をみんなに伝えたかった。

雅子と真一の話を出版するにあたって、私は、ひと通り原稿を書き終えた時点で、二人に読んでもらった。

「自分たちは、先生やクラスメートによって、ずいぶん励まされた。結婚式に大勢のクラスメートがかけつけてくれた時の感激は一生忘れない。この本が出ることによって、自分たちと同じような若者を励ますことができれば嬉しい」

と出版に同意してくれた。

今日は赤ちゃんがつくれる日だから……

——二人の出会いは？

真一　届け物を渡しにきた雅子を見て、僕は一目惚れをしたんです。それまで、女の子の友だちはいっぱいいたが、好きになったのは初めてでした。雅子にも好きな男の子はいなかった。だから二人とも初めての恋愛です。

――二人が初めて結ばれた時、「性」の問題についていろいろ話し合ったの？

真一　あんまり、そういうことは話さなかったですね。雅子はそういう話を嫌うんです。たとえばテレビを見ていてセックスの場面が出てくるとパッとチャンネルを回しちゃうんです。なんとなく、自然となったから……。

――それ以前の二人の気持ちがわかり合える過程がたっぷりあって、特別に「性」を意識しないで、結ばれたということかしら。

真一　僕の定時制の仲間の飲み会があったんですけど、その時、僕と友だちが口喧嘩になっちゃったんです。二人とも酒が入っていたからつっぱり合ってしまったんだけど、雅子が間に止めに入ったんです。そして雅子が泣いちゃって……。僕は悪いことをしたと思って、すぐに、仲間や雅子にあやまりました。僕は雅子に「ごめんね」とあやまると、雅子は「そんなことないよ」と僕のことをかばってくれて、すごく、嬉しかった。そして、二人で絶対に別れないと約束したんです。それがきっかけでした。

――生理が遅れた時、もし妊娠していたら、堕ろそうとは、まったく考えなかった？

真一　まるっきり、考えなかった。

雅子　変な話だけどね……今日は赤ちゃんがつくれる日だからって……。

――では、何回か赤ちゃんをつくろうとしたの？

雅子　二回だけです。一回目は、ダメで……。一か月ぐらいしてからもう一回だけということで……。そうしたらその時に赤ちゃんができたの。

給料を何回も計算したんです

――では、生理が遅れたことは心配でなく、むしろ赤ちゃんができたかもしれない喜びだったのね。

そのへんが、普通の若い人と違うと思うが、どうして二人は子どもが欲しかったの？

真一　雅子の子だから欲しい。雅子のこと好きだから子どもが欲しいという気持ちです。最初は親のことや雅子の体を心配して避妊したんですけど……。だんだん二人の気持ちが夢中になって、子どもが欲しいとなっていったんです。親のこと、雅子のこと、給料のこと、やっていけるかなと考えたけど、やっていくんだという僕の気持ちと雅子の赤ちゃんが欲しいという気持ちがぴったり合ったんです。

――その時、真一君は○○工業の正社員だったけど、そうでなかったらどうした？

真一　経済的に見通しがなかったら、子どもをつくることを拒否しました。たとえ関係をもっても子どもはつくらなかった。子どもをつくるかどうか悩んだ時、給料を何回も計算したんです。これだったら、最低の生活はできると思いました。

――赤ちゃんを産むと二人で決意したものの、親にわかってもらうまで、苦労したわけね。

真一　両親が反対するだろうと思ったので、二人で一か月ぐらいかけて親への説得を相談しました。

雅子のお母さんが最初にわかってくれたんだけど、雅子の体を心配して、決心した後も一日でぐらつきましたね。両方の家とも父親のほうがまいったようです。

経済的なこと、学校のこと

――お母さんが動揺したり、お父さんが大きなショックを受けたのは、どうしてだと思った？

雅子　私が末っ子だし……兄や姉がみな大学を出ていて、私のことも小さい頃からどこの大学へ入れようかと話していたんです。それと、私の体が弱いことがとっても心配だったみたい。私が高校を出ないと、真一さんに、もし何かがあったら、私ひとりでやっていけるのか、自分たちはもう歳だから面倒をみてやれないからという気持ちがあったみたいです。

真一　雅子の両親も僕の両親も、経済的なことを一番心配したようです。雅子の父さんにも給料のことをいろいろと聞かれたし、僕の親にも自分の給料でやっていけるのかと厳しく言われました。

それと、雅子の高校中退のことが、問題でした。雅子の父さんに僕は頼まれました。「私には、雅子が短大卒業後、二年間ぐらい勤めさせ結婚させたいという夢があった。二人はその夢をやぶってしまった。だからどうしても高校だけは出させてほしい。雅子本人がそう思うようにしてほしい」と。

でも最近は父さんも高校のことを言わなくなりました。この前、父さんと飲んでいた時、「高校は、あきらめた。その代わり、何か手に職をもたせてほしい。お茶でもお花でもいいから雅子が一人で食べていけるように習い事をさせてほしい。習い事をするには金がかかるので、真一君の了解が必要だ。頼む！」と涙ぐみながら、父さんが話すんです。

僕も胸にジーンときました。高校をやめさせたのは自分だと責任を感じています。

――雅子の高校のことはどう考えているの？

真一　そのことは前から気になっているんです。先生からも勧められたし、雅子と二人で相談したんですが、定時制は雅子に適していないので、通信教育を考えているんです。父さんには内緒にしておいて、雅子が高校を卒業できたら、報告して父さんを喜ばせたいと思っています。

雅子　マミちゃんが大きくなった時、母親が高校中退ということで不利になるんじゃ、かわいそう……。何年かかるかわからないけど通信教育で勉強しようかなと思っている。マミちゃんが小学生になったら一緒に勉強できるし、真一さんにも数学や理科を教えてもらって、親子で勉強するのも楽しいと思う。

二人の力になってくれた義兄

――子どもが生まれてから、親の気持ちがわかるようになったの？

真一　赤ちゃんが生まれて、親に対する気持ちがだいぶ変わりました。今までだったら、親に何か言われると、「だって、こうだ！」と反発したが、この頃は、親の話をよく聞き、自分の意見も「こうじゃないの」と親を思いやって言うようになったんです。親を尊敬する気持ちだけでなく、口のきき方まで変わりました。父も母も、僕に対する接し方を一人前として扱ってくれます。今まで僕に隠していたような大事なことも打ち明けてくれたり、相談してくれます。

実は、僕の姉の夫が、今年の五月に亡くなったんです……。そのことで親や姉から頼られています。今までの僕だったらどうだろうか。もし結婚していなかったら、どこまで、力になってあげられただろうかと考えるんです。その時、ああ、結婚していて、親や姉の助けができて、良かったなという気持ちになりました。

――お姉さんのお連れ合いというのは、結婚の時お父さんを説得してくれた人？　何が原因で亡くなられたの？

真一　胃ガンでした。二回目の手術の後、僕たちの力になってくれたんです。二回目の手術後、再発して肺に転移し容体が悪化しているにもかかわらず、父さんを説得し、引っ越しまで手伝ってくれました。今年の四月に三回目の手術をしたんですが、手術の次の日、僕が見舞いに行くと、酸素吸入をやめたら死ぬという容体で目を開けて、「真一、見るのがつらいか」と何回も何回も繰り返し聞くんです。すごく強い兄さんでした。一か月後、だいぶ元気になったと喜んだのもつかのま、姉と二人の子を頼むと訴え、他界してしまいました。

兄の死は、僕にとって生まれて一番の辛い体験でした。結婚を説得してくれた兄さんだったし、僕たちの子どもを絶対見せられると思っていたのに……。

まじめで堅苦しかった兄さんも、最近は気軽に話せる兄さんになって、ボウリングをしたり、買い物をしたり、お茶を飲んだり、いろいろとアドバイスしてくれたり。亡くなってから本当に良い兄さんだと気がつきました。もっと早く気づけば、僕も兄さんにしてあげたいことがあったのに……。

生命保険は五、六〇〇〇万円ぐらい入りました

――お兄さんの死後、お姉さんは二人の子どもをかかえて生きているわけだけれど、雅子がもし姉さんのようになったら、と考えたでしょうね？

真一 すごく考えました。すぐに生命保険に入りました。生命保険、ガン保険、会社の団体保険合わせて五、六〇〇〇万円ぐらいかな。なぜそんなに入るのかと親に怒られるぐらい入りました。保険の掛け金で、生活費を削ることになるので、雅子のやりくりが大変だと思います。でも「五年ぐらいするともう一人子どもができるかもしれない。もし僕に何かがあった時、雅子が二人の子どもをかかえ、雅子が働くだけでは生活できない。その時、苦労するのは雅子だから、家計が苦しくなるけど、がまんしてくれ」と話しているんです。

――真一さんの給料はどのくらい？

真一 残業を入れて、額面で十八、九万円ぐらいです。税金などいろいろ引かれて手取り十四万円ぐらいかな。それに、ボーナスが年間に七〇万円ほどです。

――月給は、全部雅子に渡すの？

雅子　月給を全部もらってから、真一さんにおこづかいをあげるの。でも真一さんのこづかいと言ってもたまにパチンコするぐらいで、あとは二人でショッピングしたり、食事をしたりして使うから、生活費みたいなもの。私が家計のやりくりがヘタなので……。

――結婚や出産の費用はいっさい自分たちでまかなったの？

真一　結婚する前に一年半ぐらい働いて貯金していたので、結婚式と新婚旅行の費用はそれでやりました。マミちゃんが生まれる時はちょうどボーナス時と重なったので、助かりました。

雅子　今年の夏のボーナスで、ダイヤモンドの指輪をプレゼントしてもらったんです。

同世代の子と比較されて

――あなたたちと同世代の子は親のすねをかじって、遊んでいる人が多いが、遊びたいとは思わないかな？

雅子　親にもよく言われるけれど、自分は少しも遊びたいとは思わない。友だちのことをうらやましいとも思わないわ。親は「お前は変わっているよ」と言うんだけど、自分が一番したいことをやっているのだから、幸せです。

真一　僕もよく言われます。会社で僕のすぐ上に二七、八歳の人がいて、「真一はかわいそうだな。そんなに早く結婚して奥さんをもらって、全部給料を生活費に使ってしまって。俺なんか、給料を全部飲んだり食べたりして楽しく使うんだぞ。うらやましいだろう！」と。僕は「それはひがみだよ。僕は二〇歳で結婚したのに、自分は二七歳になっても結婚していない、歳下の二〇歳そこそこの僕が結婚しているのがおもしろくないみたい。結婚したら、いくつだって同じ気になるんじゃないかな」と反論するんです。すると彼は、「それは違う。遊んで結婚するのと、遊ぶ前に結婚するのと違うんだよ。お前みたいなのは、歳いってから遊ぶようになるぞ」と言うんですよ。

僕は考え方が違うんですね。僕は歳になったら歳になったなりに、もっともっと目標が出てもいいと思うんです。良い家に住みたい、欲しいものを買いたい、もっともっと夢や希望をもちたいんですね。彼はあてつけがましく「歳をとると遊べなくなるぞ」と言うけど、僕は「でも、歳とっても遊ばない人もたくさんいるし、遊ぶ人もいるけど、僕は、遊ばないから大丈夫だよ」とやり返します。彼はそれでも「お前みたいのが一番危ないんだ」と言うから、むかむかくるけど……。

二人が描いていた夢と今

——自分が中学生から高校生ぐらいにかけて、描いていた人生設計は？

真一　僕は、中学から高校へ入る時は、普通の人と同じように、高校を出てから大学へ行って、体育の教師になろうかって考えていました。体育の教師になって、バレー部の指導をして楽しく過ごせたらいいなって、思っていました。高校一年の時は野球部で一生懸命やろうとしたんだけど途中でやめてしまった。その時、考えたのは、何にでも端からぶちあたって、中小企業でもいいからつぶれないで、いつまでも働けそうな会社で、自分に合った仕事を見つけたい、働きたいと。そして会社を退職したら、自分たちの店を持って質素に暮らしたいというのが夢でした。

結婚は、いい人が見つかって、その子も僕のことを気に入ってくれたら、二五歳ぐらいで結婚しようと思っていました。

雅子　私は小さい頃から、子どもが好きだったから、保母になりたかった。中学に入ってから、保母になるにはピアノが弾けないとなれないので、ピアノを習ったんです。高校一年ぐらいまでやっていました。結婚するまでは保母になるつもりでした。だから高校の家庭科の授業でも保育のところは、喜んでやったの。

――現在、保母になるという夢は？

雅子　今はそういう希望はないわ。将来はわからないけど、今のところ、マミちゃんを一生懸命育てる気持ちでいっぱい。

――真一君は自分の青写真から五年早く結婚したわけだけれど、自分の人生に後悔はないだろうか？

真一　後悔はしていないですね。でも、まだまだ、知らないことがあるし、会社のことでも勉強不足ですね。一家をもって、いろいろなところに出なくてはならないが、やはり普通の人に比べてまだ未熟だし、もっともっと勉強しなくてはいけないというところはあります。若いから負けているなというところはありますね。

――お互いがお互いの人生を見てどう考える？　真一君が雅子さんを見てこれからの彼

女の人生をどういうふうにしてやりたいと考える？

真一　まず第一に高校をなんとか修了してほしい。あとは、今でもだいぶ頑張っているので何も言うことはないけど……。もっともっと自分のしたいことをさせて、雅子が何かひとつでも自信をもってできるようなことを身につけてもらいたいと思います。育児だけで人生を終わってしまうのでなく、雅子が自分に一番合ったものを見つけて、何かやってもらいたい。編み物でもいいし、何かひとつでもやれることがあれば楽しいと思うんです。

——雅子さんは、真一君についてどう思う？

雅子　何も言うことはありません。真一さんの考えるように全部任せてよいと思います。

「短大卒で結婚」が、一番幸せなの？

——「馬鹿だな、人生を粗末にしすぎる」「何でまだ若いのに」という大人の一般的な反応にどう答える？　「高校をやめなければ、短大に行って、幸福な結婚ができたのに」という大人の意見をどう考える？

雅子　大人から馬鹿だなと見られても、自分たちが望んで選択したのだから、それでいいと思う。

真一　僕は、短大を卒業して結婚するのがはたして一番幸せな道なのか、それとも若くして結婚して子どもを産むのが幸せなのか、現実にぶつからないとわからないと思うんです。馬鹿だという大人の気持ちもわかるけど、あまりにも他人事として考えているんじゃないだろうか。

二人に子どもが欲しいという気持ちがあったから、子どもができたんです。子どもができたら、どうしてできたかという二人の気持ちを聞いてほしいですね。人生を粗末にしているというけど、雅子にとって一番いい道かもしれないし、一番合った人にめぐり会えたかもしれない。短大を卒業して結婚しても別れる人がいるし、若く結婚しても一生懸命頑張っている人もいるし、一概にいえないと思うんです。

失敗して、馬鹿だと言われるんなら、僕は納得できます。でも二人が力を合わせて一生懸命やろうとしている気持ちをわかって、馬鹿と言うなら、僕はいつでもどこでも反論します。好きな人と出会って、その人の子どもが欲しくて、その人の子を産めるんだったら、それが一番幸せだと思うんです。だから年齢で左右されるのでなく、二人の気持ち次第ではないだろうか。若いからとか、歳いってからとか、一概に他人が口をはさんで言えることではないと思います。自分が現実に直面してみないとわからないんじゃないでしょうか。

雅子の気持ちが普通の子と同じだったら、産めと言ってもイヤだと言ったかもしれない。僕も同世代の遊んでいる子と同じ考えだったら堕せと言ったかもしれない。でも、二人の考えは普通と違っていたし、二人の気持ちがずいぶん思い合っていたから、子どもを産んだんです。それを一概に馬鹿だと言われると不満です。

「若くして結婚して何だ」と今言われても、ある程度納得できます。でもいつか言わせないように僕たちは一生懸命やっています。歳をとっている人より一生懸命やっているではないかとわかってもらえる日がきっとくると、二人で努力するしかないと思っています。

雅子となら、何にも負けない

——今、周囲で二人の結婚、生活について、非難する人はいるの？

真一　僕が知っている範囲ではいないですね。もしかしたら、陰でいるかもしれないけれど……。

――もし陰で非難されているとしたら、どういうことで非難されていると思う？

真一　雅子より、僕が非難されていると思う。高校生の女の子を妊娠させて、学校をやめさせて、子どもを産ませたということで。きっとそういう気持ちを誰もがもっているのではないかと、会社へ行っても歩いていても感じています。でも絶対に言わせないように頑張ってやろうという気持ちがいつもあります。だから他人よりも頑張ろうという気持ちが出てくるんです。

雅子とよく話すんですけど、絶対に二人で頑張って、はやく社宅を出てマイホームを建てて、びっくりさせてやろうとか、絶対に普通の人に負けないぐらいのことをやろうというのが二人の気持ちなんです。

僕は負けるのが嫌いなんです。スポーツをやっていると負けるのが嫌いになるようですね。他人がやることは僕にもできるだろうという気持ちがすごく強いんです。雅子とやるんだったら何にも負けないだろうと思います。

マミちゃんもいるし、これから生まれてくるかもしれない子どもたちが、「何、あんたのお母さん！　何、あんたのお父さん！」と後ろ指をさされないように頑張りたいし、立派に子どもを育てたいと思っています。

本当の「責任」とは

――最後に、この本が出版されることについてどう思う？

雅子　クラスみんなの文集を読むと、私は赤ちゃんができたから結婚したと誤解されているみたい。「なぜ、待てなかったのか」「妊娠を避けることができなかったのか」と書いてあったでしょう。みんながやってくれたパーティーの前に文集を読んでいれば、自分の気持ちを言えたんだけど……。

この本が出版されることで、赤ちゃんが欲しかったという私の気持ちがわかってもらえたらいいと思っている。

真一　僕は自分と同じ若い世代の人に訴えたい。赤ちゃんが欲しくないんだったら、なんで避妊しないのかな？　避妊しないで赤ちゃんができたからといって軽く堕しちゃうのは、いけないと思う。

女の子は、子どもが欲しくないなら拒否すべきだ。男なら、男らしく中絶させるようなことはするなと言いたい。子どもができたら堕せばいいという軽い気持ちは絶対許せない。女の子の体や心を一生傷つけることになるんだ。子どもができたら責任をとるというと、中絶の費用を出せばいいという考えがあるが、それは本当の責任のとり方ではない。もっと、もっと女の子のことを考えてほしい。できたから結婚するという人もいるだろうが、堕すより、男らしいんじゃないか。

欲しくない子どもだったら、絶対につくるべきじゃないと思う。子どもは、みんなに祝福されて、この世に誕生すべきなんだ！

5　雅子から学んだこと

若くて張り切っていた私だけれども

生徒から激しい反発を受けて

私は母校の東横学園に就職して九年目になる（当時）。就任直後の職員会議で「○○という生徒が妊娠六か月と判明、すでに中絶の処置もできないので、退学させて出産させたい」との報告があった。

私はその報告を聞いて素朴な疑問をもった。「なぜ、子どもを産んだら退学させなければならないのか。出産後、学校を続けさせてもよいのではないか……」

しかし当時の私には、この疑問を職員会議にぶつけ、理論的に指導方針を提案するだけの力量はなかった。職員会議が終わったあと、同僚に「出産後、学校を続けさせる指導は無理かしら」と感想を述べるにとどまっていた。

その次の年に、自分が担任するクラスの生徒に問題が起きた。

ある私立の男子校の教師から私のところに電話がかかってきたのである。

「実は私の受け持ちクラスの生徒が淋病にかかっていることが判明したんですが、彼が先生のクラスのS子さんと関係しているというのです。S子さんにも淋病が感染している恐れがあり、先生に電話した次第です」

私はすぐにS子を呼び出し、事情を確かめた。S子は、肉体関係のあったことを認めたので、S子の家族と連絡をとり、病院へ連れて行き検査を受けさせた。検査の結果、幸いなことにS子には病気は感染していなかった。

相手の男の子の担任教師から、「彼を野球部に入れて、みっちりとしごき、男女交際を断つように指導します。先生のほうでもよろしくご指導ください」と協力を依頼されたのである。

一般に教師は、男女問題が起きると、すぐにその二人を引き離す指導を考える。それまでの交際のあり方を反省させ、二人の交際を質的に内容の高いものにするように考えさせることはしない場合が多い。

その時の私も、相手の担任から協力依頼されたこともあって、S子に対し、彼との交際をしばらくやめるように指導した。

「彼もあなたも今までの高校生活の過ごし方がずいぶんいいかげんだったところに問題があると思う。まずそれぞれが自分の高校生活を立て直すことが大切よ。彼は野球部に入って頑張るとのこと。あなたも何か部活をやってみたら。二人が自分の生活を立て直すまでは、会わないこと。自分がしっかりと確立できたうえでの交際でないと二人とも駄目になるわよ」

今から考えれば、ずいぶん不十分な指導であった。

彼女に愛や性とはどうあるべきかをじっくり考えさせ、それを通して自分をみつめさせる絶好のチャンスであったのに、「別れさせる」指導をしたのにすぎなかった。

いくら私が親身になって彼女に話をしたとしても、「別れる」結論を押しつける私に、彼女は本心を言う気にはならなかったのだろう。私の説得にうなずいたものの、その後も彼とは会っていたらしい。

交際を続けるか、やめるかは彼女自身が選択すべき課題だ。教師は、選択をする場合の彼女の判断力を育てるべきなのである。

どちらの選択をしても、彼女が今までの男女観の未熟さを克服し、自分の人生を真剣に考え、たくましく生きていく力を獲得できるように指導・助言するのが担任の私の役割だったのにと思う。

当時の私は、若くて張り切っていたが、教育の本質がつかめていなかったといえよう。

その後の数年間に、さまざまな生徒の問題にぶつかり、戸惑い、悩みながら、教育とは何かを考えてきた。

特に附属中学の担任をした時、クラス生徒からの激しい反発はショックだった。それまでは、自分は若いから生徒の気持ちをつかんでいると自負していたが、その自信は消え失せた。自分は教師として適していないのかもしれないと本気で転職を考えたりもした。

しかしそこで逃げたら、私は一生敗北感にさいなまれるだろう。逃げの姿勢で、どんな仕事に就いたとしてもうまくいくはずがない。

私が生徒から反発を買ったということは、私の教育にその原因があるはずだ。辛くても、その原因を分析し、自分で乗り越えていくしかないと決意した。

生徒は担任の私に対して、主に次のような不満をぶつけていた。

●話すことがオーバーで理屈っぽい。
●感情的でむきになる。
●生徒に対しては服装のことで細々と注意するくせに、自分は教師らしくない服装をしている。

確かに生徒の批判は私の弱点をついていた。中学校は生徒数も少なく、きめ細かな生活指導を方針として、複数担任制をとっていた。一学年二学級を四人で担当していたが、私は他の教師の指導に疑問を感じながら、教師集団の歩調を乱してはまずいと考え、率直に教師論をたたかわせることを避けていた。

教師集団の一致が大事と考えて、自分も生徒に対して、「○○しては駄目です」「○○しなさい」式の管理指導をしていた。そして、生徒の考え方を育てるつもりで、中学生の心理的発達段階や生活実感をふまえずに観念的な説教をしていたのである。

管理指導から生徒の生きる力に添って

私はその学年の中学生が高校へ進学する時、いっしょに担任として持ち上がることにした。今までの教育を根本から問い直し、ぶつかってみたかった。

私は、「規則だから守りなさい」「○○してはいけない」「○○しなさい」式の指導をやめた。まず生徒がどう考えているかをじっくり聞くことにした。どんな生徒でもそれなりのスジをもっている。そのスジに立って未熟さや、不十分さを指摘し、広く深い思考を育てようと考えた。

教師はとかく行動を規制しようとするが、問題を起こす背景にはかならず考え方の〝ゆがみ〟が存在するはずで、その考え方を指導しなければ生徒を本当に変えることはできない。自分の思考の甘さ、誤りに気づき、前向きに生きていこうという姿勢になった時、生徒は自分の行動に対しても厳しくなるものだ。

教育とは、生徒を教師が考える「良い子」になるよう操作することではない。生徒に自らの「豊かに生きる権利」に目ざめさせ、自らの人生をたくましく切り開いていく力をもった人間に育てることだろう。

「性」の問題にしても、ほとんどの高校生は愛があれば性交をしてもよいという考え方をしている。教師が「高校生の男女交際は健全であるべき」という価値観を押しつけ、「性」行動を抑えようとしても、生徒は反発するか無視するかである。

「愛があれば」と言うが、「愛とはいったい、なんだろう?」ということをつきつめ、「性」が自分の権利として正しく行使できる人間に育てることが問われていると思う。

「出産後、学校を続けさせる指導は無理か?」という疑問を理論的に解明できなかったり、精神的に未熟だからという理由で交際をやめさせる指導をしていた私も、雅子の妊娠に直面するまでの何年かの間に、生徒の人権を守り発展させることが教育だという本質がわかりかけていた。

だから、雅子から妊娠の事実を知らされた時、「自分のクラスの生徒が問題を起こした」「彼女をどう処置すべきか」という動揺はなかった。これはまさに彼女の生き方としての課題なのだから、同じ女性としてともに考え助言しようという発想から出発した。そして私はその立場を一貫し、雅子を励まし、助言してきた。クラスの生徒にも、雅子の妊娠、出産の問題を通じて、女性としての自分の生き方を見つめさせようと指導してきた。

私がもしクラスの生徒に対して管理的な指導をしていたら、雅子は率直に妊娠の事実を私に語ってくれなかったであろう。理由を明らかにせずに退学していったかもしれない。私が雅子の生き方をともに考え、彼女自身に選択させる立場を貫いたからこそ、彼女は私に心を開き、私のアドバイスに耳をかたむけた。そして退学したのちも、真一と雅子は私を信頼してくれ、自分たちの出会いから、現在の生活のこと、将来の生活設計まで語ってくれた。

大事なのは年齢でなく、愛の中身

私はこの本を書くことになって二人から詳しい事情を聞くまでは、誤解していたことがあった。

雅子の生理が遅れた時、「妊娠したかどうか不安だったが、もし妊娠していたら出産しよう」と決意したのだと思っていた。また、雅子が退学する時に「赤ちゃんができたから仕方なく結婚するんじゃない」と話していたことも「仮に妊娠しなくても彼とは結婚するつもりで愛し合っていた」という意味に解釈した。そして軽々しく中絶する風潮のなかで、妊娠という重い事実につぶされずに、結婚、出産という道を自らの責任で選んだ二人を立派だと思っていた。

ところが、「妊娠」は偶然の出来事でなく、二人はあえて妊娠する日を選び子どもをつくることを選択したのであった。この事実は私にとって衝撃だった。

愛し合っている大人が二人の子どもを欲しいと思う気持ちはわかる。でも十六、七歳の高校生にそのような感情が生まれるとは、まったく私の想像外だったのだ。互いに好きで好きでたまらないほど思い合い、二人の子どもが欲しいと思う気持ちは結婚した二〇代以上の大人だけに生じるものではないはずである。一〇代の若者であっても、真剣な愛のなかから芽ばえる自然の感情だということがわかった。

しかも、二人は赤ちゃんが欲しいという感情だけで行動しなかった。真一は自分の給料を何回も計算して生活の見通しを考え、友だちに相談し、意見を求めた。もし〇〇工業の正社員ではなく、経済的な見通しが立たなければ子どもはつくらなかったという彼の話のなかに、雅子を、そして生まれてくる赤ちゃんを思いやる気持ちがよく表われている。

二人は自らの「愛」と「性」を人生のなかに正しく位置づけ、貫くことができたのである。

「まだ若いのに」という彼らへの批判は、説得力がない。年齢が問題なのでなく、愛の内容や質が大事なのだ。大人であっても彼らほど互いに相手を思いやり、いたわり合っている夫婦は案外少ないのではないかと思う。三〇代、四〇代であっても妻をいつわり、愛人をもって平然としている夫や、韓国や台湾、東南アジアへ買春ツアーに出かける男性がいるではないか。

私は雅子と真一から、「愛」の中につつみこまれた「性」のありようを学んだ。

新しい「性」教育の模索

異性の問題は、中・高校生にとって一番の関心事であろう。心をときめかしたり、悩んだり、彼らの頭の中は「性」へのあこがれや不安でいっぱいだろう。そして、テレビや雑誌などの商業的につくられた性情報がたえず彼らを刺激し、「性」意識をゆがめている。そういうなかで、「売春」や「中絶」という「性」の失敗を起こす中・高校生の数は増加の一途をたどっている。

ところがほとんどの学校では「性」の問題をタブー視し、生徒の「愛」や「性」の考えを育てようとしていない。問題が表面化した場合だけ、「性」非行として片付けているのが現状のようである。

私も雅子に出会うまでは、生物の授業のなかで「ヒトの生殖」をやや詳しく扱う程度であった。女性の性周期と関連させて避妊について説明したり、胎児の成長を説明するところで中絶についてふれたが、あくまで体の機能の問題としての扱いだった。私の学校では保健の授業のなかでも「性」について学習するが、この場合も、いわば「性器」教育である。生き方を考える「性」教育ではない。

私は遅まきながら、雅子の問題によって、「性」教育の重要性を痛感した。しかもそれは、人間としての生き方を問う新しい「性」教育でなくてはならないということを。

二年二組は、三年になってクラス替えのためにバラバラになってしまったが、三年生の新しいクラスで、私は自分の試みに挑戦してみたのである。

「男と女」を「考えるH・R」

東横学園では、H・Rが週二時間ある。私はその一時間を「考えるH・R」と称して、私がテーマを提案し、考え話し合っている。もう一時間は生徒の自主的活動にいっさい任せることにしている。

さて、「性」教育は人間教育の根幹であることを雅子の問題を通じて痛感した私は、「考えるH・R」の第一弾として、「男と女」のテーマをとりあげることにした。そして次のような指導計画を立ててみた。

(1)男らしさ・女らしさを考える
・男らしさ、女らしさは先天的なものか、それとも後天的な要素が大きいか
・「女らしく」をめざすか
(2)高校生の「性」について考える
・ボーイフレンドから「C」を求められたらどうするか
・避妊と女性の一生について
・優生保護法の「改正」をめぐって
(3)女の自立を考える
・自立を阻むものは何か
・結婚と仕事は両立しないか
・女性と労働について

私が自分の男女観を一方的に話すH・Rではおもしろくない。生徒が興味をもち、楽しく本音が出し合えるH・Rにしたかった。

数年前の生徒だったら、教師が夢や理想を語れば、何人かの生徒は眼を輝かせた。ところが最近は一般論や抽象的な話では生徒はのってこない。生徒の生活感覚にピッタリくる具体的な話でないと、白けてしまうのである。

そこで私は、H・Rにゲームなどを取り入れて工夫してみた。私の期待どおりに生徒はのってきた。そして秋の文化祭のクラス発表のテーマとしても生徒は「男と女」の問題をとりあげたのであった。

「男らしい」「女らしい」のイメージは?

「これから、連想ゲームをします。みなさんが『男らしい』『女らしい』という言葉から連想するイメージをこの紙に書いてください」

と説明しながら、私は用紙を生徒に配った。その集計結果をまとめると、「男らしい」のイメージとして圧倒的に多かったのが「たくましい」「行動的」であり、「女らしい」のイメージとしては「やさしい」「思いやり」であった。

集計の途中、「男らしい」のイメージとして「江川選手のように強引」とか「酒が強い」という言葉が出てきて、生徒は爆笑。一方、「私は男らしさ、女らしさという発想はしません。人間らしさを考えます」という回答が出たりした。

続けて次のようなアンケートを取った。

「自分が他人から『女らしい』と言われて、どう思うか。クラスで『女らしい』と思う人をあげてみよう」

私の予想と結果はだいたい一致していた。

「嬉しい」と答えた人が四三人中二一人、「いやだ」と答えた人が一人、「複雑な気持ち」と答えた人が二一人だった。

クラスで「女らしい」と思う人として名前をあげられた四人は、それぞれ次の理由から選ばれた。

A子さん…かわいらしい
B子さん…口数が少なくて、でしゃばらない
C子さん…しとやかである
D子さん…思いやりがある

自分の名前が黒板に書かれるたびに、「えっ、うそ!」という声があがったり、ボーイッシュな生徒の名前が出ると大笑いになったり、楽しい雰囲気のなかで集計が行なわれた。

次に私は、家庭で親から「女の子だから、○○しなさい」と言われたことがあるか、質問してみた。クラスで「女らしい」と選ばれた四人は全員「ある」ということだった。

親から「女の子だから……」とよく言われる具体例としては、次のようなものがあげられた。

「女の子なんだから、きちんとした言葉づかいをしなさい」
「女の子なんだから、自分の部屋ぐらいきれいにしなさい」
「女の子なんだから、お行儀よくしなさい」
「女の子なんだから、台所の手伝いぐらいしなさい」（この場合、兄弟には手伝いをさせないという）
「女の子なんだから、短大でよい」

逆に「女でも、○○できなくてはいけない」と励まされた人はいるかとの質問には、四人が挙手をしたが、いずれもハキハキした活動的な生徒であった。

「男らしさ」「女らしさ」は先天的か後天的か？

クラスの生徒のイメージする「男らしさ」「女らしさ」は、社会一般のイメージと一致している。ではそうした「らしさ」は先天的なものか、それとも後天的な要素が大きいのか考えることにした。

生徒たちは、二つの要素があるとしながらも、「もともと体力や気力に男と女の差がはっきりあり、それが後天的な環境の違いによって強くなったり、弱くなったりする」と先天的な要素のほうが主であると考えていたようだ。

私は自分の結論を出さずに、いくつかの事例について話をした（その事例について、小学館発行の「性教育研究」を参考にした）。

（その1）

生まれてきた子の性が誤って認定されたらどうなるか。たとえば遺伝的には女性でありながら（性染色体XX）、母親が妊娠中に過剰な男性ホルモン物質が投与されると、生まれてきた子のクリトリスが男の子のペニスのように発達してくる場合がある。この場合、赤ん坊は男の子として間違った「性の認定」を受け、戸籍上でも男の子として登録される。男の子として育てられるので、男性のふるまいや性活動をする。

逆の場合もある。男の子でありながら、ペニスの発達が不完全なため、女の誤認を受け、女の子として育てられる。オシッコをしゃがんでさせられ、女の服装をさせられ、女のしぐさを強いられる。

こうして性が誤認定された場合、思春期になって遺伝子による本来の性徴が表われ、性の誤りに気づいても、本来の性に戻すことは難しい。四歳ぐらいまでなら、戻すことは可能との調査結果が出ているという。

（その2）

一卵性双生児で二人とも性染色体がXYの男の子だった。一人はそのまま育つが、もう一人は生まれてすぐ事故にあいペニスに大きな損傷をうけ、医者の手落ちでペニスを除去された。その後、その子は女の子として育てられ、同じ遺伝子を持ちながら、男と女という全く別の人間に成長した。

（その3）

親が子どもを小さい時からどうしつけているか。

「泣かない。ボク、男の子でしょ！」

「男の子なんだから、しっかりしなさい！」

「女みたいにめそめそしないで、強くなりなさい」

（その4）

バリ島は昔、みんなで共同作業をし、男だけが力仕事をするということではなかった。男も女も体はスラリとしてあまり違いがなかった。ところがフランスの植民地になって港ができ、男性が港湾労働者として雇用されるようになったら、男性のほうが筋骨隆々として、男女の差がはっきりしてきたという。

（その5）

以前、女性にはマラソンは無理とされていたが、現在ではむしろ女性のほうが持久力に優れ、マラソンに適しているとさえいわれている。男のスポーツとされてきたサッカーにも、ママさんクラブができて、猛練習に励んでいる。

（その6）

男は空間能力がまさり、女は言語能力にまさるといっても、これは教育をうけてきたあとの差ではないか。女子は理数系が弱いといわれ、その訓練がされず、自分でも弱いと思い込み、あきらめて勉強しなかったのではないか。

ソ連（当時）では医師の七、八割が女性だし、トラックの運転手など重労働にも女性が進出している。

私が述べた具体例を生徒は眼を丸くして、驚きの表情で聞き入っていた。生徒が、「へェー、今まで自分が考えていたことと違うんだな……」と自分の意識をあらためて問い直してくれることが、私の狙いだった。

「女らしく」をめざすか？

連想ゲームで出てきた「男らしさ」「女らしさ」は社会的に後天的につくられた要素が大きいことを生徒は、抵抗なくつかんだようだった。では次に、社会で一般的に「女らしく」

といわれることにどう対応したらよいのか考えることにした。

「男らしさ、女らしさのステレオタイプにとらわれ、その枠に自分をはめようとすると、自分らしさを失い、おしきせの人生しか送れなくなるんじゃないの。たとえば自分は女だから短大でよいと自分で自分の能力にみきりをつけたり、就職もどうせ結婚までだからという軽い気持ちで考えていたら、自分の実力を発揮することはできないし、まして仕事に対するやりがいは見い出せないと思う」

この問題提起は、進路が切実な問題となっている三年生にとってはふさわしかったとみえ、私の話に真剣にうなずく生徒が何人か出てきた。

「人間としてのもっとも基本的な、生物としての性の違いをしっかりと知り、男女の別を認識し、そのうえで男も女も人間らしさのなかに、自分の個性を伸ばしていくことが大事ではないだろうか」と私はしめくくった。

ボーイフレンドから「C」を求められたらどうする？

「今日は、みなさんに劇作家になったつもりで、セリフを考えてもらいます」

私は生徒に紙を配付して、説明した。

「現在、ボーイフレンドがいない人も、いると仮定して考えてみよう。彼とは半年前に知り合った。それまで何回かデートをして、おしゃべりをしたり、ショッピングをしたり、映画を観たりしてきた。今まで手をつないだり、腕を組んだりしたことはあった。

さて、ある日、彼から『君のこと、愛している』とささやかれ、『C』を求められたらどうするか？　その時、自分なら何と答えるかセリフを書いてみてちょうだい」

「C」とは、生徒たちのなかで使われている男女交際の段階を表わす記号。「A」はキス、「B」はペッティング、「C」は性交を表わしている。

生徒は、「えー！　困っちゃうな」「経験ないから、わからないわ」「なんて書こうかな」と言いながら、想像力をはたらかせて、セリフを考えた。

紙を回収し、生徒が書いたセリフを、私が劇風にして読みあげると、生徒たちは、笑ったり、驚いたり、考えたり……とにかく盛り上がった。

生徒の意識がセリフにとてもよく表われていた。彼の求めに応じるセリフが約二割、拒否するセリフ七割、残りは無言であった。

●彼の求めに応じる

「私のこと、本当に愛している？　愛しているならいいわ」

「私もあなたのこと好きよ、あなたも本当に好きなら構わないわ」

下を向いてうなずく。

「……」無言でついて行く。

セリフを言う前に、即刻、自分から脱ぐ。

その時の気分。

「明るい所じゃイヤ……」
●彼の求めを拒否するセリフ
「イヤダ」の一言。それで交際を断られたらそんな男と別れてやる。

「いや、今はダメ！」

「……ばか！」

「やっぱり、まだ高校生だから……」

「困るよ、突然言われても」

「もう少しお互いの事がわかり合えるようになるまで……」

「本当に好きなら今はやめて」とはっきり断る。

「あなた本当にわたしのことを愛しているの？　だったらやめて」

「好きだけど、でもこわい……。本当に私を好きならもう少し待って！」

「半年しかつき合っていないし、いろいろ考えるとまだそこまでいってはいけないと思う」

「それほど女には困ってないでしょう。私もそれほど男には困っていないの」と冷たくさりげなく言う。

「もちろん、私もあなたが好き……。でも今、目標があるし……、とても大事な時期だと思う、自分にとって……。そして今寝ることを覚えたらそれに夢中になってしまいそうだから、今は……ダメだわ」

「……ちょっと待ってくれる？　私もあなたのこと好きよ。だけどつきあってまだ半年で私の全てを知った？　それで私の全てを好き？　そんなに簡単に人のことを理解できるもんじゃないと思うの。もうちょっと待ってね……。私をひとつの物として見ないで……」

「最近、寝ればそれで女になれたと思っているような感じがみられるけど、本当は寝た回数じゃなくて、どんな愛し方をするかで、女に成長していくと私は考えているの。二人はもっと知り合う必要があるんじゃないの」
●無言のまま
「エッ～……」

「…………」

黙っているだけ……。

避妊は、男まかせでよいのか

彼から「C」を求められた時に応じるというセリフのなかで、避妊についてふれているのがなかった。彼女たちは保健の授業で避妊について勉強したはずである。

一〇代後半から二〇代前半の若い女性を対象にしたアンケートでも、初めての経験の時、一〇〇〇人中九九・九％が避妊の知識をもっていたが、半数以上は実行しなかったという結果が出ている。その理由は、「女性が避妊を口に出すと、場数を重ねた女のようだから」だという。避妊は男にやってもらうものという男まかせの「性」意識になっている。その結果、妊娠して女性自身が傷つくはめになるのである。

私は生徒が避妊の知識を正しくもち、主体的に実行できることが必要だと思った。

「セリフのなかに避妊についてふれた言葉が出てこなかったけど、みんなは『C』に応じるとしたら、子どもをつくってもよいと思っているの？」

生徒たちは、当然のこと、まだ子どもを欲しいとは考えていない。セリフに避妊の言葉が出なかったのは、保健で避妊について学習してもそれが自分自身の問題として把えられていないのであろう。

私は、女性の一生において避妊がどのような意味をもつか話す必要を感じた。

「みんなは、初めて生理になったのは何歳の時だった？」

小学校五、六年から中学一年という答えが一番多かった。

「五〇代、六〇代になると生理がなくなることを知っているでしょう？　生理のある四〇〜五〇年の間は、私たち女性の体には子どもができるための準備ができているわけだけど、子どもが欲しいと思う期間はもっと短いわね。妊娠しても良いと考える時期は何年ぐらいになるか計算してみよう」

「みんなは何人ぐらい子どもが欲しいと思う？」

二、三人という声が多かったので、三人の子どもを出産するとして計算をした。子どもを望んでいる期間が約六か月、妊娠期間が一〇か月、産後の無排卵の期間が約二か月とすると、ひとりの子どもについて約十八か月が妊娠をしてもよい期間となる。三人の場合はその三倍、五四か月＝四年半が子どもを欲しいと思う願望と自分の体の生殖機能とが一致する期間である。それ以外は妊娠してはならない時期にあたるのだ。

私もこの計算を『性教育研究』（一九八一年六月号）の中の丸本百合子医師が書いた「女の一生にとっての避妊を考える」で読み、認識をあらたにしたが、生徒たちもたった「四年半」という結果に「短いんだな」と驚いた表情であった。

「ほかの動物の場合、性＝生殖だけど、私たち人間の場合は、必ずしも性が生殖とイコールではないわね。今、計算したように、妊娠可能な期間四〇～五〇年のうち、三人の子どもを産むとして、およそ、一〇分の九の期間が妊娠してはならない時期になる。だから避妊がとっても大事になるのよ。女性自身が自分の人生を考え、子どもを産むか産まないか、産むならいつ、何人かをしっかりと選択すること、そして子どもを産まないと選択した時はきちんと避妊することが大切。ところが、女性から避妊を口に出しにくいということで男まかせにしていると、望まない妊娠をしたり、悩んだあげく中絶をして自分自身が傷つくことになる。

最後に強調するけど、女性も『性』を主体的に考える意識をもつこと」

男は好きでなくてもキスができるか？

H・Rで男女問題を取り上げて、クラス内でフランクに話し合っているので、生徒も私に対しボーイフレンドのことを隠さずに話したり、疑問に思うことを聞きに来るようになった。

ある子が私にこういうことを質問した。

「先生なら教えてくれると思って、聞くんだけど、男の子って、好きな女の子じゃなくてもキスできるのかな？」

「そうね、私も男じゃないから想像するしかないけど、やろうと思えばできるんじゃないかな。でも好きな子じゃないのに、キスしても感激はないと思うわよ」

生徒は、こんなことで、悩んだり考えたりしているのかと考えた私は、早速次のH・Rで課題にして取り上げてみた。

生徒のほとんどは、精神的なつながりがなくてもキスどころか「C」もできると言う。だから売春が成り立っているというのが主張の根拠である。

私はすかさず切り込んだ。

「女性も精神的なつながりがなくても『C』が可能というなら、みんなはどう？　好きでない男性がお金をくれると言ったら、オーケーする？」

生徒は大きい声で、「そんなのイヤーだー」。

「もし暴力団に強制的にやらされるのでなく自由だったとして、本人が誰にも迷惑をかけずに好きでやるのなら、売春をやったって構わないんじゃないの？　おこづかいを数万円もらえれば、苦労しないで好きな物を買って遊べるじゃないの？」

私は、生徒を挑発してみた。

「自分をそこまで、下げたくないよ！」

売春は、自分の人格を卑しめるものという価値観をもっているようだ。「自分が必要なお金は、まともな仕事で稼がなくちゃ」という意見も飛び出した。

「でも、どうしても金が必要だという時は、ぐらつくんじゃないのかな。自分のなかでなぜ売春がいけないのかという信念がきちんと確立していないと、大金が手に入ると思って、応じることも出てくるんじゃないの？」

「大金っていくら？」

「数千万円なら、一回きりということでやってもいいな」という声も出る。

「○○ちゃんに、数千万円払う男性なんかいないんじゃないの」とのやじに、教室内は爆笑。

「そもそも売春がいけないのは、人格の一部である性を自分の人間性から切り離して、商品化することにあるんじゃないの。

日本の社会では、いわゆる『ソープランド』など風俗産業をはじめとして性が商品化され、私たちはどうしてもその影響を受けてしまうけど、本来、性を商品とすることが大まちがいなのよ。人間を奴隷として売ることができないと同じように、人間性の一部である性を切り売りすることは、人間としての自分を否定することだし、買うほうも人間を金で買うようなもの。

もちろん、物理的な意味では、男と女は愛し合っていなくても、セックスができるとしても、そんなセックスに深い喜びって味わえるのかしら?」

私が力んで話すわりには、生徒の反応はいまひとつにぶいことが気になった。

生徒は、テレビや週刊誌などマスコミの影響で「恋もゲーム」という価値観があるようだ。

売春はいやだけど、遊びとしての割り切ったセックスがあってもいいのではないかという
感覚をもっているようだ。そこで私は、

「みんな、隣の人と握手してごらん」

私も一番前の座席の子と握手してみた。

「どう、握手して感激した人、いる?」

生徒は私が何を言いたいのかわからず、ポカンとしていた。

「久し振りに会って互いに嬉しかった時、試合に勝った時などは思わず友と手を握り合って喜び合うわね。その時は握手して感激するでしょう。でも今のように、精神的なものと切り離して、手を握り合ったって、少しも感激しないわけね。性も体を通じてのコミュニケートだけど、互いに相手のことを好きだったり、気持ちが通じ合ったりしてこそ、深い喜びになるのではないかしら」

遊びと結婚は別？

「男の子は好きでなくても性行動がとれるか」という生徒の疑問に答えるには、私がこうあるべきだという結論をぶつけただけではどうも説得力に欠けるようだった。

ある時、渋谷の寿司屋で食事をしていると、私の隣の席に座っていた男性二人が、途中で立ち上がり、電話で女の子にデートを申し込んでいるのに気づいた。

電話を終えて、カウンターに戻ってきたので、その若者二人に思いきって声をかけてみた。

「デートの申し込みは、うまくいった？」

「まあまあかな」との返事。

「実は、私、ある女子高校の教員なんだけど女の子しか対象としていないので、男の子の心理がつかめないの。そこで、あなたたちに質問していいかしら」と頼んでみた。

「どうぞ、どうぞ」と二人は、私の話に応じてくれたのである。

二人は大学三年か四年生ぐらいのように見えた。

以下、私の質問と彼らの回答である。現在の若者の平均的な性意識といえよう。

原田　女の子と交際する時、どんな女の子が良いと思う？　女の子を見る場合の基準は？

若者A　もちろん、顔だよ。

原田　それはなぜ？

若者A　だって、デートする時に格好の良い女の子でないと、友だちに自慢できないでしょう。

原田　結婚しようと思う相手も、やっぱり顔で決めるの？

若者B　いや、遊び相手の場合だけ。一生暮らすとなると顔じゃなくて性格の良い女の子にする。

原田　遊びと結婚とを割り切っているのね。

若者A　みんなそうじゃないかな……。僕なんか同棲したことあるけど、結婚しようなんて思わなかった。

原田　遊び相手の女の子と性関係まですすむこともあるの？

若者B　ありますよ。女の子だって、割り切って遊んでいるみたいだな。

原田　相手のこと、好きでなくてもA・B・Cができるの？

若者A　A・Bはもちろん、Cも可能ですよ。でも、自分は遊ぶ子とマジな子とは分けている。マジな子とは、そんな簡単にやらないな。

原田　Cの関係になる時、避妊は？

若者A　当然、避妊しますね。

原田　でも、避妊が失敗することもありうるわよね。もし相手の女の子が妊娠したら、どうする？

若者A　それは、責任をきちんととります。

原田　責任をとるっていうのは、結婚して子を産むということ？

若者A　そんなことしませんよ。責任というのは中絶するための費用を自分が払うということです。

原田　そんなに簡単に中絶できるものかしら。中絶の結果、相手の女の子が傷つくとか、まがりなりにも自分の子となる生命を抹殺することになるとか、そんな心のいたみは感じないの？

若者A　生命の尊厳なんて考えませんよ。そういうことを考える相手だったら、Cまでやらない。遊び相手として割り切ってCをやっているんだから。

原田　あなたたちみたいな男の子に、女の子はついてくるのかしら？

若者B　僕たちが一番相手にしやすいのは、地方出身で、東京にひとりで住んでいる子だな。高校生は後ろに親がいるからこわい。でも高校生でも門限がルーズだったり親が放任している家の子とは付き合いやすいな。

原田　今、自民党内に優生保護法の改正の動き（当時）があるでしょう。それについてどう考える？

若者B　あまり関心がないな。

原田　大学生なのに、ずいぶん政治や社会について無関心なのね。あなたたち、選挙権はあるんでしょう？

若者B　ありますよ。でも選挙したことないな。

原田　本当？　軍事費だけが別枠扱いという今の日本の政策がますます進み、もし徴兵制が再び布かれたらどうするの？

若者A　僕たち戦争は反対だから、徴兵されても絶対に拒否して、ブタ箱に入りますね。

原田　本当にそうなった時、拒否できるの？

若者A　でも、第二次大戦のような戦争は起こらないと思うな。今度、戦争になったら核戦争で、一発で終わりだろうな。

若者B　だから、そうならないうちに遊ぶんだよな。

若者A　先生、僕たちの話を聞いて、驚いているみたいだけど、今の若者の平均的な考えだと思いますよ。

好きでなければ「性」は満たされない

渋谷での若者との話をH・Rの材料にして、「性をどう考えるか」について深めようと考えた。

「先日のみんなからの『男の子は好きでなくてもA・B・Cができるか』について、男性自身に聞いてみました。男性といっても、私の夫じゃ五〇代だし、東横の先生も年配が多いので、渋谷の寿司屋で電話でデートを申し込んでいる若い男の子がいたから、その若者にインタビューしてみたの」

私が、まじめな顔をして話し出したのに、生徒たちは、「わあ！　先生、本当にインタビューしたの」と笑い出した。

「なんで、笑うの？　私はあなたたちの疑問に親切に答えてあげようと思って、勇気を出して聞いてきたのに」

「だって、お寿司屋さんで聞いたの？　先生って、行動的というか、ずうずうしいというか、よくやるね！」

本題に入る前に、生徒たちは私が寿司屋で若い男性にインタビューしたことについて、おもしろがって、しばらく笑っていた。

「その男性は二人連れだったけど、大学三、四年生ぐらいかな。私はまず、女の子と交際する時、何を基準にするか質問したんだけど何と答えたと思う？」

私は生徒に予想させてみた。

「顔」という声があちこちからあがった。

「そう、顔って答えた。だけど遊ぶ場合は顔、つまり外見で女の子を選ぶけど、結婚する相手は違うと言っていたわよ。遊ぶ女の子は格好良い子でないと友だちに自慢できないけど、結婚する時は、性格の良い子を選ぶということだったわ」

なるほどという反応を示しながら、生徒は私の話に聞き入っていた。

「次に、好きでなくても、A・B・Cが可能か聞いたら、A・Bはもちろん、Cもできるとの答えだった。しかしマジメな相手の時には簡単にCはしたくないとのこと」

「先生、その男の子たち、カッコウ良い子だった？」と質問が飛び出した。

「そうね。テレビに出てくるタレントみたいだったよ」と私が答えると、

「テレビのタレントみたいな人が、寿司屋の電話で女の子を誘うかな……」という意見に

生徒は笑う。

「次に、Cをする時に避妊を考えるか質問したら、必ずするとのこと。もし失敗して相手の女の子が妊娠したらどうするかと聞くと、責任をとるとのことでした。責任をとるって結婚することかと聞くと、中絶の費用を出すことなんですって。中絶の時に相手の女の子が精神的にも傷つくんじゃないかとか、生命を抹殺してしまうことに心のいたみは感じないかと質問すると、遊び相手として割り切っての関係だから、深刻に考えないとの答えだった。さて、みんなこの若者の考えをどう思う?」

生徒たちも、この若者の考えは、一般的なもので、驚いた様子はなかった。

「みんなは、どっちの女の子がよいと思う。顔やスタイルが良くて、多くの男の子から声をかけられる女の子? それとも結婚の対象にみられる子?」

生徒たちは、「はてな?」という表情で考えている。

「男の子から声をかけられ、もてる子のほうが楽しくていいんじゃない? 結婚の対象とされたって、結婚後は遊べるわけじゃないし……」

たとえ、男の子から声がかかっても、遊びの対象ではイヤダという生徒の反応だ。

「若い男の子が遊びと結婚を割り切っていると言うと、好きでなくても遊びでもA・B・Cが成り立つと思えるけど、よく考えてごらん。結婚の相手は、顔より性格を選ぶというのは、人間的に好きでないと性も満たされないということの証明じゃないかしら。

好きでない子と性関係をもっても深い喜びがないから遊びとして割り切れたり、次々と相手を変えられるのよ。その男の心理は、自分は女の子をものにしたとか、カッコイイ女の子を連れているとかという自慢が喜びになっていると私は思う。

みんなのなかにも遊んでいる男の子がいいという意見があるけど、自分も遊びの対象とされるということに気がついてほしい。日本の社会では、女は性について受け身だというのが常識だけど、女性も男まかせの性でなく、性についての正しい知識をもち、自分の性を人格の一部としてマネージコントロールできることが必要だと思うわ。

相手の男性から性関係を求められた時、イエス、ノーがはっきり言えること。断ったら嫌われるんじゃないかと心配だというが、そんな男は自分の人間性を認めているのでなく性のはけ口として求めていることになる。そんなくだらない男なら別れたほうがよい。

そして二人の気持ちが通じ合い、互いにCという関係になる時は、女性もきちんと避妊を考え、相手に要求すること」

さらに私は話を続けた。

「仮に、自分に男性を見る目がなくて、失敗した場合はメソメソしないこと。自分に男性、人間を見る力がなかったんだから、自分を成長させるように立ち上がらなくっちゃ。

人間として尊敬できるすばらしい男性とめぐり合えるかどうかは、自分が魅力ある人間になれるかどうかで決まる。

男の子は、顔で選ぶというけど、その顔の美しさだって、生まれつきの目鼻立ちより、精神的なものが反映するんだから。いくら目がパッチリして、鼻すじが通っていても、表情のない人は美しくない。鼻ペチャだって、目が少しタレていたって、いつも目を輝かせ、生き生きしている人は美しいと思うな。

遊びと結婚とを分ける男の理屈にだまされないこと。くだらない男なんか蹴っ飛ばそう。みんなステキな女性になろう！」

人間として自由に生きたい

私の「男と女」のH・Rの狙いは、「性」の問題を通して、生徒が自分の生き方を考えることであった。男性、女性の体の構造や生理の違い、避妊の知識を与えることで良し、としたくなかった。

このH・Rで、生徒がどこまで自立した生き方を考えるようになったかをつかみ、さらにその後の指導の資料にしようと思い、私は生徒に作文を書かせてみた。

「『男と女』のH・Rで男らしさ、女らしさ、性のあり方などについていろいろと考えたり、話し合ってきました。このH・Rの感想と、そして自分の生き方をどのように考えるようになったかを書いてみてください」

この作文を書かせた時は、学校行事や祝日でH・Rの時間がつぶれることが多く、二〇分たらずの短い時間しか生徒に与えられなかった。時間不足で、十分に書ききれていないが、ほとんどの生徒はこのH・Rを意義深いものだったと評価し、今後の自分の生き方にも影響を与えたと捉えていた。

＊

町田　和美

「男と女」のH・Rは、私にとっては身近な問題であり、とても役に立ったと思う。やはり「性」の問題を話し合うのは、これからのために良いことだ。先生たちの中には、そう思わない先生もいるかと思うが、私たちに知識や深い考えがなくて、誤ったことをしてしまうより、正しい知識と深い考えをもって対応したほうが良いと言える。これからも、こういうH・Rは必要だし、もっと他のクラスでも考えるべきだと思う。

最近、「男と女」のH・Rを受けてから、「女とは?」ということを考えるようになってきた。昔は「女は男に仕えるもの」と考えていたが、今は「男も女も対等だ」と思うようになった。そして、私は結婚したら家庭に入って、夫のためにつくすという生き方から、結婚後も仕事を続けたいという人生を考えるようになった。

女は男に劣るなんて言われるけど、それは違うと思う。今までの社会の中で、女性は実力を発揮できるチャンスを失っていたのだ。しかし、最近は女性でも男性に劣らず、仕事をして生きている人が出てきた。もっと、女性も男性と同じように活躍して欲しいし、私も負けずに頑張りたい。

*

香川　恵津子

私は「男と女」の問題は、これから私たちが本当の女性になるためにとても大事なことだと思う。

そして私はこの話し合いのなかで、男女間の性についての考え方の違いがありありとわかって良かった。文化祭でもこの問題をテーマとしてアンケートをとったりしたので、なおさらよくわかった。現状では、学校でこのようにストレートに性に関しては話されていない。むしろ下半身の話はタブーとされ、保健の授業でも、教科書上の知識だけで、私たちが本当に知りたいことは教えてくれなかった。

今回、政経の授業の研究発表のテーマに、「性教育」を扱った人がいて、その人の集めた新聞記事を読ませてもらったが、「子供の出来方を知らない生徒もいる。正確な知識もなくあまりにも無防備なセックスをする若者。男は女の、女は男の気持ちを知らなすぎる」など、いろいろ載っていた。

人間には性欲という生まれながらにもっている本能みたいなものがある。それをまるで大人たちは自分はもっていないような顔で、私たちが疑問をもっても受け付けないというのが悲しい。

私が小学校の時、「生理」というものは友だちから聞いて知ったし、先生や親から教えられたのは覚えていない。中学の時、保健の授業で、「梅毒患者、中絶器具」のスライドを見せてもらったが、これといって先生の説明はなかった。ただ、セックスをしたりしてなる病気は恐ろしいとか、中絶は自分の体にあんなものを入れられるから絶対いやだ、という観念的なものしか残らなかった。

人によっては、婚前交渉も良いと思っている人もいる。また、結婚をしてから子どもの数やいつ産もうかとかのそれぞれの計画があるだろう。そのために避妊用具ができたのだと思う。だからもっとみんなにきちんと教えるべきだ。実物を見せたり、使い方の説明などをして、それと同時に、男女間の考え方の違いや、性欲や性についての考え方、見方を深める討議をしっかりとするべきだと思う。そうすれば私たちだって、性についてよくわかり、むやみにすぐセックスに結びつく行為はしなくなると断言できる。

性は恥ずかしいという日本の歴史からくるものだろうけど、今はそれではいけないと思う。私たちは時として母をひとりの女性としてみる時があり、父と母との関係を、男と女の関係としてみることがあると思う。その時、きちんとした知識や深い考えがあれば、不自然にはとらえない。人間として当たり前だと思うだろう。

でも、その時に知識や考え方が育っていないと、子どもは親を不潔だと思い、親子関係にヒビが入ることにもなりかねない。

やはり、性の問題は人間として生きていくうえで必要なことだと思うのである。

石田　あや

*

私は以前から、なんで男に生まれなかったのかとくやしい思いをしたことがある。特に好奇心をもって何かしようとすると出鼻をくじかれた。女の子だから、ちょっとけがをしても、おてんばと言われる。だけど男の子だと元気がいいわねですんでしまう。そんなささいなことがたまらなかった。

女子校ではなんでも自分たちでやらねばならないが、共学だったら「長」になれない。いくら女の子のほうが優れていても男の子の立場はいつも上だ。それでいて、その中に入っていると、なかなか気づかない。不思議な世界だ。

しかし、男性上位という考え方は、これからずっとつきまとうに違いない。男の人がやり手の女性を見た場合、すばらしい人間だと思っても、自分の妻にはしたくないと思うだろう。私は人間として、自分の能力をどんどん伸ばしていき、誰にも負けたくないと思っている。しかし、まわりは女として私を見るに違いない。だったら私は女として自分の地位を確立していきたいと思う。そして自分の生きる場所をきりひらいていきたいと思うのだ。

*

南　幸子

私は前々から不思議に思っていたのです。男と女ってどこが違うのかなって。H・Rでやっとわかりました。そうなんですよね。結局、子どもを産むか産まないかの「差」だけなんですよね。男らしさとか女らしさなんて社会によって「つくられたもの」だとあらためて感じました。

私は昔から、大の動物好きで、いろいろな本やテレビを見てきました。だけど、人間のように、オスがすべて守って、メスが受け身であるなんてことは人間だけなんです。確かに、集団として暮らしているライオンとかアザラシなんて、オスが主体のような気がするけど、メスはエサが捕まえられないとか、大海でメスだけ弱くて死ぬなんて、聞いたことありません。

それと、「性」のことですが、今は「性問題」がたくさんあるとか言いますけど、「昔」を考えれば、みんながオタオタすることはないのではないかと思います。確かに「社会」は違いますが、「性」はこの世ができた時からずーっと変わらないでしょう？　人間は動物と違って、年中というかいつでも「性交」ができる状態にあります。それを「いやらしい」とか「きたない」と考える人間がおかしいのです。「性」の喜びをわかるのは人間だけなのですから、それをもっと誇りに思ってもいいと思います。

社会がへたに「性」を隠すから、問題が起こるのです。小さい頃からちゃんとした性教育をしないのがいけないのです。なぜ「性」をいやらしく考えるのか、そう考えるほうこそ実はとても「いやらしい」と思います。私たちにとって、親をいやらしく思うのは、そういう行為があってこそ、今の家庭が成り立っているのに、そのことを隠そうとすることです。そういう行為に対して「いやらしく」しか子どもに教えないことです。

良かったと思う。

＊

宮田　洋子

「男と女」のH・Rは、男の人の考え方、そして私たち女性の考え方がいろいろとわかり、

現在、高校生の性行動の乱れが社会問題となっているが、今回三年二組で行なったような「男と女」についての話し合いをすることによって、乱れた性行動はなくなると思う。性について隠そうとする世の大人や学校の態度が、乱れた性行動をひきおこすのだと思う。わがクラスのように堂々と真正面から話し合うことが必要だ。そして、皆が正しい性に対する考え方をもつことが一番大切なことだと思う。そういう意味で、話し合いをした三年一組の生徒はみんなすばらしい女性になっていくような気がする。

昔ながらの「女らしい」といわれている、男の影に寄り添っているような女性がテレビドラマによく出てくるが、そんな女性を見て「いいな」と思うこともある。でも私は、仕事を持ってバリバリ働いている女性を見ると、もっと「いいな」という気持ちになる。

仕事を持ってバリバリ働くということは女にとってすごく難しいかもしれないが、私はそういう女性になりたい。家庭にしばられる女性にはなりたくない。そして、仕事を持っ

てバリバリ働いているといっても、常に優しさや思いやりのある、すばらしい人間になりたいと私は思う。

＊

佐田　美江

「男と女」というテーマを初め聞いた時、何をするのかなっていうぐらいしか思っていなかったが、何回かＨ・Ｒで話しているうちにとても興味深く感じられた。中学から女子だけなので、男の人に接するのは、父、兄、先生、コーチとか指導者的な立場の人たちだけだったので、男の人の心理なんてまったくわからなかった。が、先生のお寿司屋さんでの話を聞いたりして、そういうものかなって少しはわかったし、みんなの男の人に対しての性や生き方についての考えも聞けたので、ためになった。これからの自分にとっても役に立つんじゃないかと思う。

友だち同士でも三年になってから、話題が、彼氏の話とか、理想とか、どんな生き方をしたいとか、そんな話題ばかりになって、お互いに楽しくて、話がつきなくなることが多くなってしまった。

自分を見つめる時間も多くなったし、生き方についての考えも、深くなり、未来を見つめることが多くなった。

＊

梶川　紀子

ただ単に「男と女」というと興味本位で見がちだけど、このH・Rでいろいろな話を聞いたり、意見を出し合ったりしたのは有意義だった。これから先も、「男と女」という問題を真剣に考えられるようにしたい。三流の週刊誌に大きな見出しで載っているような話だって、真剣に考えれば難しいのだ。

このH・Rで男女のことだけでなく、深く女性の生き方、考え方も知ることができた。さらには「優生保護法」（当時、優性保護法「改正」問題が持ち上がっていた）をめぐる政治・社会情勢まで考えたのだ。このようなことも知らなくては困ると思う。周りの人に煽動されたり、誤ったことを信じてしまったり、そんなふうにして、あとになって泣くような人間になりたくない。

性教育を小さい頃からやるべきだと思うが、日本では、ほとんどの学校でやっていない。だから若者は三流雑誌を読んで、表面的な「性」知識しかもっていないのだ。

私は、クラスのH・Rのなかで「男と女」という問題を本当に考えられるようになり、さらには女性の考え方、生き方なども見つめることができ、とっても良い勉強になったと思う。

そして、自分を見つめ、生き方を考えるということは難しいが、一生つきまとう問題なので、真剣に考えていきたい。

＊

岡山　奈々

「男と女」のＨ・Ｒは有意義でした。私はとても夢中になりました。みんな（女も男も）だれもが異性に関心をもっていると思う。しかし学校や家庭においては、性はタブー化されている。そんななかでダイレクトに、単なる興味本位でなく、素直にみんなで話し合えることはめったにないし、すばらしいことです。

今、私たちにとって何が必要かと問われたら、世界の政治情勢の変動、軍備拡張、老人問題なんて出てきません。それよりも、将来のこととか、男の子のことがまず頭に浮かびます。短い時間のＨ・Ｒだからこそ、だれもが関心をもっているテーマに取りくむべきで、この企画はそれにぴったりあてはまったと言えるのではないでしょうか。

私は女だからどうのこうのと言われたりするのはとてもいやです。しかしそういうふうに言われる原因は女の私たちにも甘えがあったからだと思う。将来私は英語で生計がたてられたらって思います。いくら批判をくり返しても、なかなか男と女の差は社会的になくならないと思うけど、私は頑張ってみたい。たとえ結婚し子どもが生まれても私は仕事をもって、給料をもらっていたいと思う。だから、そのために何か一つ自分の武器をもち、自信をもって生きていきたいのです。英語を自分のものにするには長い時間と努力が必要だと思うけど、英語だったら頑張ってゆけそうです。

女の幸せってわからない？　結婚すること？　子どもを産むこと？　私にはどちらとも言えません。この二つのものより、もっと魅力的なものがありそうで……。

ただ、人間としての喜びというものを、自分で考えるならば、だれもがたよらずに、なにか一つ自信がもてるものを持ち、前向きに生きることだと思う。それが私の理想だし、最終的な目標です。だから女としての生き方なんかにそんなにこだわりたくない。

自由に生きたい。束縛されずに、決めつけられることなく。

＊

クラスの生徒四五人中、一二名は、結婚後は家庭に入って彼につくしたいという考えを述べ、数名は将来のことだし、相手によっても違うからまだわからないという気持ちを書いていたが、大多数の生徒は、女としてのワクにしばられずに、自分を伸ばしたい、目標をもって前向きに生きる人間になりたいと書いていた。

「女を見つめる」ことで、自分を見つめ、自立した生き方を求めるようになった生徒の変化がよく出ていた。そしてそれは進路希望の変更にも具体的にあらわれていった。本校では、短大附属校ということもあって、四年制大学進学希望者は例年、学年全体で一〇名程度である。

私のクラスでも、はじめは親の希望どおり、本校短大へ進学して、何年か勤めたあと結婚という人生を考えていた生徒が多かった。しかし、本当に自分の可能性を伸ばすなら、四年制大学でしっかりと勉強したい、新しい世界に挑戦してみようと夢を広げる生徒が出てきた。本校では受験のための授業や補習をほとんどしていないため、四年制大学志望といっても実戦力が伴わず、断念せざるをえない生徒もいたが、私のクラスでは七名の生徒が四年制大学受験に挑戦した。

また、高校卒業後、就職することを希望していた生徒のなかの何名かは、就職状況が厳しいことも影響したが、一般事務ではもの足りない、何か資格をもって仕事をしたいという理由で専門学校への進学に切り替えた。

そして、人生を考えはじめた生徒は、

「ただ、点をとるだけの学問って本当に好きじゃない……。自分はなぜ、なんのために勉強するのか、しっかり見極めたいと思う。目的のない勉強なんて本当に虚しいと思う」

「点数が悪くても、その時の授業が真に納得できた授業であったら、それは最高の点だと思う。良い点数が取れても、時がたてばすぐ忘れてしまう科目は喜びとならない。その日その日の授業が身につく、ためになる授業を私は望んでいる」

と勉強の意味、授業や試験のあり方についても深く考察するようにまで成長した。

私の「男と女」のH・Rの狙いは、着実に実を結んでいる手ごたえを感じることができた。

雅子は、彼との愛を貫き、子どもの生命を守ったという点ではまことに純粋な生き方をしている。しかし現時点では子育てと家事に安住し、自立した人間としての自分を問う姿勢に不十分さがうかがえる。

私は雅子が在学中には、まだ「男と女」のH・Rのような指導はしていなかった。だから、雅子の自立の問題は、今後の雅子の課題であるが、私の不十分な指導の反映であったといえよう。

今、私は雅子に次の言葉を贈りたい。

雅子に贈る言葉

この本の出版に同意し、そしていろいろと協力してくれてありがとう。

私は文章を書くのが苦手だし、あなたたちの純粋な愛やまじめな生き方を迫真的に（事実のままに）どの程度描けたか自信がありません。

でも若いということで、あなたたちの結婚や出産に対して、批判の眼を向けている世間や大人に訴えたかったのです。また「性」を遊びとして割り切り、妊娠したら中絶すればよいと考えている若者にも「性」のあり方を考えてほしかったのです。

「愛と性」は年齢で評価すべきではありません。その内容や質や深さの度合いによって決まるのだと私は考えています。

「今は世間や大人から非難されても仕方がないけど、五年、一〇年後にはよくやったと思われるように努力している」という言葉を、あなたたちから何回も聞きました。その姿勢はとっても大切ですね。

でも、現在の二人の生き方そのものが、すでに世間や大人の批判にこたえていると私は思います。あなたたちの出会いから結婚までの真剣な結びつき、結婚・出産を実現するまでの粘り強い過程、そして現在二人でマミちゃんをしっかり育てている生活ぶりを知ったら、「人生を粗末にしすぎる」とか「若いのに」という批判はできなくなるでしょう。逆に「これほどまじめに自分たちの将来のことを考えて努力しているんだな」とか「若くして結婚しても二人は大人の夫婦以上に互いに思い合い、いたわり合っているな」と理解してくれることでしょう。

先日、雅子は「自分がやりたいと思ったことをやっているだけで、そんなにたいしたことではない」と話していましたね。

親に言われるままに短大へ進学し、世間一般がいう適齢期になったら結婚するというふうに社会や親の敷いたレールに従う生き方もあります。でも雅子は自分自身がよく考えて一番やりたいことに体当たりしたのです。そのことにもっと誇りをもっても良いと思います。

あなたたちは同世代の人よりも一足先に、主体的に自分の人生を選択し、スタートさせました。そして「たいしたことでなく」終わるかどうかは、むしろこれからの生き方にかかっているのだと思います。私は雅子に「たいしたことでない」生き方で終わってほしくありません。「思いっきり自分らしく生きている」という充実感をもって生きてほしいのです。

雅子は今のところ、マミちゃんをしっかり育てることと、真一君が働きやすいような家庭環境づくりに専念したいと話していましたね。

育児や家事は大事な課題だと私も思いますが、雅子が真一君とマミちゃんだけに自分をかけているのではないかと気になるのです。たしかに真一君は優しいし、頼りがいがあります。真一君が自分とマミちゃんのために一生懸命働いてくれるんだから、自分は彼が働きやすいように家庭をしっかり守るんだという気持ちなのでしょう。

でも、彼についていく生き方のなかでは、雅子が雅子らしく伸びていく芽が育たないと思うのです。今は、「若いのに」と世間から後ろ指をさされないように二人が互いに思いやり助け合って生活しています。しかし、あと一〇年、二〇年とたち、「若く」なくなった時、そして二人の激しい「愛」が落ち着いた時、雅子が彼についていく生き方によって自分の成長をやめていたとしたら、どうなるでしょうか。

何年たっても、何歳になっても、ますます互いに魅力を感じ夢中になれる夫婦でありたいですね。自分が自分に夢中になれるような人間に成長しないでおいて、相手がいつまでも自分のことを愛してくれるはずだと思うのも勝手というものです。

また、雅子が真一君にもたれかかった生き方をしていれば、真一君を成長させないことになるのです。自分の意見を求められた時、「あなたの考えているとおりでいいわ」とあなた任せの返事をしていたら、彼との対話はなんと貧弱になることでしょう。彼から聞かれたら自分の意見をはっきりと言えると同時に、自分からも考えたり、悩んだりしていることを彼に絶えずぶつけてみるのです。

「私はこういうふうに考えるけど、あなたはどう?」「私、このことについてわからないけど、知っていたら教えて。もしわからなかったら、いっしょに勉強してみない」

雅子は彼からいろいろなことを学ぶ、そして彼も雅子から刺激されて学んでいく、そんな二人の関係だったら、「愛」は一時の感情を乗り越え、人間としての信頼に支えられたすばらしいものに発展していくでしょう。

私が雅子に高校復学を勧めているのは、高卒という肩書を取ったほうが有利だとか、親を喜ばせてあげてほしいからだけではありません。雅子が自立したひとりの人間としてもっと伸びていくために高校で勉強してほしいし、高校卒業後さらに自分の道を広げてほしいと思うからなのです。

当面は育児にかかりっきりにならざるをえないかもしれませんね。

でも雅子に学ぼうとする姿勢があれば、赤ちゃんを育てる過程がまさに勉強といえます。保母になりたかった雅子にとって赤ちゃんというすばらしい教材にめぐりあえたと考えることもできるのです。

先日、雅子は「マミちゃんの泣き方で、おっぱいが欲しい時か、おむつがよごれている時なのか区別できる」と話していましたね。おっぱいをあげたり、おむつを取り替えたりする育児のなかで、経験的にいろいろなことがわかっていくでしょう。でも子どもの心理や行動の成長、発達の様子をもっと詳しく観察してごらんなさい。

子どもの認識は、「①一歳児は、自分が握っている玩具が奪われないかぎり泣かない。②すこし月日がたつと、彼は、自分の手足の届く運動範囲内にある玩具が取り去られたときに泣く。③さらに月日がたつと、彼は、自分の視界範囲内にある玩具が取り去られたときに怒る。④さらに後年になると、彼は、昨日座ぶとんの下に隠しておいた玩具が、今日座ぶとんをめくってみて見当たらないときに、怒りわめく」というように、最初は直接的な行動と結びついて段階的に発達するといわれています。だから行動的把握段階の子どもに図解や言語指示をしても、学習の助けにならないのです。自転車乗りを学ぼうとしている子どもに、「ほらペダルを踏むんだ。それ、ハンドルを柔らかく握るんだ」と指示しても、ムダだということです。

これは、私が前に『ブルーナー研究』を読んだときに、書かれていたものです（ブルーナーは、子どもの認識発達について研究した教育学者です）。

私が大学で教育心理を勉強していた当時は、子どもの心理やその発達といってもピンときませんでした。でも教師になって現実に生徒に接してみると、教育書を読んでいて、具体的にわかるようになり、もう一度、勉強し直そうと思っています。

雅子も幼児教育や幼児心理の本を読んでみませんか。マミちゃんを具体的にイメージしながら読むのだから、なまじ大学生よりも理解できるかもしれませんよ。本で学習した眼でマミちゃんの動作をとらえ直してみる。またマミちゃんの動作や発達の様子から新しい発見をしたり、疑問を感じれば本で学習してみるのです。

こうして、雅子が学ぶという姿勢でマミちゃんを育てれば、育児のなかで保母さんになる勉強をしていることになるわけです。マミちゃんが小学校に入る頃には、資格はなくても雅子は、中身では立派な保母さんになったといってもおかしくないでしょう。資格は、育児が一段落したら通信教育でとれば良いのです。

私の高校時代の友人ですが、高校卒業後、すぐに結婚して子どもが生まれました。彼女は自分の子育てのなかで教育に強い関心をもち、子どもを育てながら勉強をして、大学に入学しました。そして教職課程をとり、社会科の教師になりました。

雅子だって、小さい頃からの夢であった保母さんになることと、今、マミちゃんを育てていることは矛盾しないのだから、挑戦してみようではありませんか。

最後にもうひとつ雅子に考えてほしいことがあります。

「マミちゃんを育ててみて、子どもをかわいく思う気持ちがわかり、自分たちがどれほど親を心配させ、苦しめたかを身にしみて感じている」という言葉をあなたたちから聞き、二人の成長ぶりを嬉しく思いました。でも、「こんなにかわいがって育てたマミちゃんが、十六歳ぐらいで結婚したいと言い出したら、本当に悲しくなってしまう」と言った雅子のなかに、子どもから自立できない母親の姿をチラリと見た気がしました。子どもが自分から離れていく親の寂しさ悲しさは私にも理解できるし、親の当然の感情でしょう。でも、いくら苦労して育てても、いくらかわいがっていても、親と子どもの人格は別個なのです。そして親の役割は子どもを自立した立派な人間に育てることでしょう。いくつになっても子どもが親のスネをかじっていて自立できないほうが、悲しむべきことなのです。

母親が自分のすべてを子育てにかけ自分を失った生き方をしていると、自分が子どもから自立できないだけでなく、子どもの自立心をゆがめることにもなるのです。自分の思いどおりになる「良い子」だと安心していたら、突然、親に反抗し、非行を起こすという形で自己主張する子どもになったり、いくつになっても自分の意志をはっきり出せない、自分の責任で行動できない弱々しい人間になってしまうかもしれません。

のびのびとした、理知的な子どもに育てるには、親自身が自分の目標をもって生き生きと生活することです。そして親子で本を読んだり、討論したり、スポーツをしたり、音楽を聞いたり、旅行をしたり……心も体も豊かになる親子の関係をつくることです。

彼との愛を発展させるために、マミちゃんを立派に育てるために、そして何より雅子自身のために、育児と家事だけの家庭生活に小さく安住しないで、自分を豊かにふくらませてほしいと思います。

この本の出版によって、雅子が自分たちの愛と人生を客観的に見つめ直し、今後の生き方に少しでも役立つことができたら幸いです。

マミちゃんはとっても元気よく、かわいらしく育っています。さらに元気で明るく理知的な子どもに育ってほしいと心から願い、ペンを置きます。

6　セクシュアル・ライツを自分のものに

あふれるボーダレスなポルノ情報

雅子のことがきっかけとなり、それ以後、私は性教育に意識的に取り組むようになった。理科や生物の授業で、道徳や学活、H・Rで性に関わるテーマを取りあげ、生徒たちと考え合ってきた。

三年前（一九九五年）、中学一年の学年を担任していたとき、道徳の授業で「性について知りたいこと」を書かせたことがあった。それまでも同様のアンケートを何回もとった経験があるので、生徒たちがどんな疑問を書くか、およそ見当がついている。

「先生は初めてセックスしたのはいつ？」

「先生は今までに何人ぐらいとやったことがありますか？」

「ホテルに行ったことがありますか？」

このような教師のプライベートな体験談を聞き出そうとする質問は昔からよくあるパターンだ。この手の質問に対しては、私はこう答えることにしている。

「性というのはその人のきわめてプライベートなものだから、公の場面で、いつ、誰と、どこで、どんなセックスをしたかなんて聞くのは失礼なこと。マナー違反です。だから聞かれても答えなくていいのよ」

こう答えると、生徒たちは納得する。

「処女膜ってなんですか？　初めてのとき、いっぱい血が出るんですか？」

「男の人の生理って、白い血なんですか？」

無知から生じるこうした誤解に対しては、きちんと科学的な解説をする。

だが、三年前のアンケートでは、今までになかった質問が飛び出して、さすがの私も驚いた。

「セックスのとき、女の人はどんな声を出すの？」

「イク、イクっていうけど、どういうこと？」

「3Pって、なんのこと？」

「なぜ男の人はチンチンをなめてもらいたがるの？」

「アナルセックスって？」

「ホモって、ぢになるってなぜ？」

「レズって、どうやるの？」

「前戯、後戯、ピストン運動、すべて合わせて一回のセックスにかかる所要時間と回数はどのくらい？」

「まつばくずしはどうやるの？」

「まつばくずし」という言葉を見つけたとき、私は思わずぷっと噴き出してしまった。中学一年といえば、まだ十二歳。十二歳の女の子がなぜ「まつばくずし」なんていう言葉を知っているのだろうか。

どんなことが知りたいか、何を聞いてもかまわないという前提で書かせたので、私はこれらの質問に対し、ごまかさないできちんと説明した。また、どんな質問も性教育のチャンスだと私は捉えているので、「人間にとって性とは何か」を考えさせる授業を展開することにした。その授業展開についてはここでは省略するが（拙著『少女たちと学ぶセクシュアル・ライツ』つげ書房新社刊参照）、なぜ生徒たちがこのような「耳年増」な質問をするのか私は気になり、生徒にたずねてみた。

「まつばくずしの質問を出した人、この言葉をどこで知ったの？」

「『エルティーン』に出てたよ」

『エルティーン』とは女子中高生がよく読む少女雑誌だ。性情報がメインの少女雑誌が他にも何種類かあるが、こうした雑誌から「耳年増」な性情報をキャッチしているようだ。私はまさかとも思ったが、アダルトビデオを見たことがあるかどうかも質問してみた。

すると無邪気な表情でクラスの四〜五人が元気よく手をあげた。

小学生時代に男子が家から持参したアダルトビデオを教師にみつからないようにして見たとか、親の留守中、友達の家で見たとかいうことであった。男子中高生がアダルトビデオをよく見ていることは知っていたものの、今では女子にもアダルト・ポルノ情報が浸透してきていることに驚いた。だから、「どんな声を出すの?」「イクって?」のような質問が出てくるわけだ。

私は、『エルティーン』『おちゃっぴぃ』『めちゃ』『パステルティーン』など何冊かの少女雑誌を借りて読んでみた。

「SEXのわざを得る」「誰にも言えないHのこと」「私の過激なHな体験談」「変なAVタイトル100」「Hメモリーナンパ編」「ちょっと流行のレズ」「フーゾクってどんなトコ?」「ソフトSMのおすすめ」「タイプ別ヤリトモクン選びレッスン」「放課後ダイヤル倶楽部―テレクラ体験記」「只今本番生ちゅー継」などとタイトルを羅列しただけで、その内容が想像できるであろう。

いずれも表紙はあどけない少女モデルの写真、あるいは女子中高生に人気のある男性タレントの写真で飾られているが、中をパラパラとめくると、過激なセックス描写のイラストや写真が満載なのだ。

女子も性に対して興味を抱くのは当然だし、性を肯定し、楽しむという感覚を身に付けいることも必要だ。だから、少女雑誌に性のテーマが取り上げられること自体に反対しているわけではない。問題なのはその取り上げ方である。

性を人間のありようや人格から切り離し、単なる部位的なプレイとして露骨に描くイラストや写真から発せられる性のイメージとはどのようなものかということである。

そしてさらに問題なのは、テレクラや「援助交際」といった性風俗や買売春に関わることも取り上げられ、少女たちの体験談として紹介されている。一方で、ファッションや美容の広告で、おしゃれでスリムな女の子になりたい気持ちを刺激され、購買意欲をかきたてられれば、おのずと「性の商品化」へのハードルは低くなってしまうというわけだ。

大人との区別がないボーダレスなポルノ情報によって、子どもたちは性のイメージを形成していく。相手との関係を深め合う、理解し合うという大事なことがまったく抜けたまま、楽しければいい、気持ちよければいいというふうに、性をとても軽いものとして捉え、さらに性は切り売りできる、金になるんだという感覚さえも身に付けてしまうことになってしまう。

A、B、Cもなくソッコウ「H」へ

「高校生デビュー」という言葉がある。中学までは「高校受験」が一種の歯止めとなり、自分の欲求にブレーキをかけていたものの、高校へ入ったとたん遊び出すというものである。そのあたりの心理がよく表われているなと思った投稿文を少女雑誌から見つけたので、紹介してみたい。

今年からキャピキャピの女子高生になりました。いろんな雑誌みて「イケてる」女子高生やってます。私、高校デビューで、中学までは校則どおりのスカート丈、長い髪はみつあみ、めがねかけて超マジメしてました。

こんなだから彼なんてもちろんいなかったし、ナンパされたこともなかった。でも高校入って、「コギャル」っぽい恰好して街を歩いていたら、超カッコいい人にナンパされまくり。

「ドコいくの？　カラオケとか一緒にしない？」とか「超カワイイね。どっからきたの？　一緒に遊ぼうよ」って。最初は恐かったケド、そういうコトが何日も続いて「もしかして私カワイイ?」「モテる?」とかって思ってきた。

それに雑誌とかに「H体験は高一。ナンパされてHした」とか載ってるし。まだみんなケーケンしてないみたいだし、超興味あったし、だから「H目的かも」って思ったけど、カッコよかったからその人たちと一緒にカラオケに行った。

最初はアムロとかトモちゃんとか入れて盛り上がってたんだけど、一番いいなあと思った人が私に「バックれない?」って言ってきた。恐かったケド興味のほうがあって「ラッキー!」と思ってトイレ行くフリして、その人とホテル直行しちゃいました。フェラもクンニもバックも、いろいろと教えてもらった。その人とはそのHだけ。ソレっきり。

それからは「いいな」と思う人にナンパされればホテル行ってHしてまーす! そういう人ってナレてるし、Hもうまいし。たまに空しくなる時もあるケド、Hが気持ちイイからいいかってカンジ。いろんな人とHして、イイ男ゲットすればいいもん。それにいろんな男知らなくちゃイイ女になれないもんね。今日もナンパされに歩くゾ!

中学時代までは男女交際をしたこともなく、人を愛したり、愛されたりする体験もないまま、好奇心だけで「H」体験をしてしまう今時の女子高生の心理がよく表われている。

今時の女子高生といえば、雅子が産んだマミちゃんは現在、高校二年生になっているはずだ。〝雅子世代〟と〝マミちゃん世代〟の女子高生の意識はどのように変化したかをたどってみると興味深い。

雅子世代では、「A、B、C」という言い方で性行動の進行段階を表わしていた。Aはキス、Bはペッティング、Cは性交を意味していた。

「交際して半年になるボーイフレンドからCを求められたらどうするか」をめぐってのセリフを書いて話し合ったH・R実践を前述したが、すぐに応じるセリフを書いた生徒は少数。

「もう少しお互いの事がわかり合えるようになるまで……」

「半年しか付き合っていないし、いろいろ考えるとまだそこまでいってはいけないと思う」

「……ちょっと待ってくれる？　私もあなたのこと好きよ。だけど付き合ってまだ半年という年月は短いの……」

「……本当は寝た回数じゃなくて、どんな愛し方をするかで、女に成長していくと私は考えているの。二人はもっと知り合う必要があるんじゃないの」のように、性を相手との人間関係のなかでとらえている生徒が多かった。

もちろん、個人によって性についての考え方、意識はさまざまである。一九八〇年代で

性交経験率の推移（高校３年）

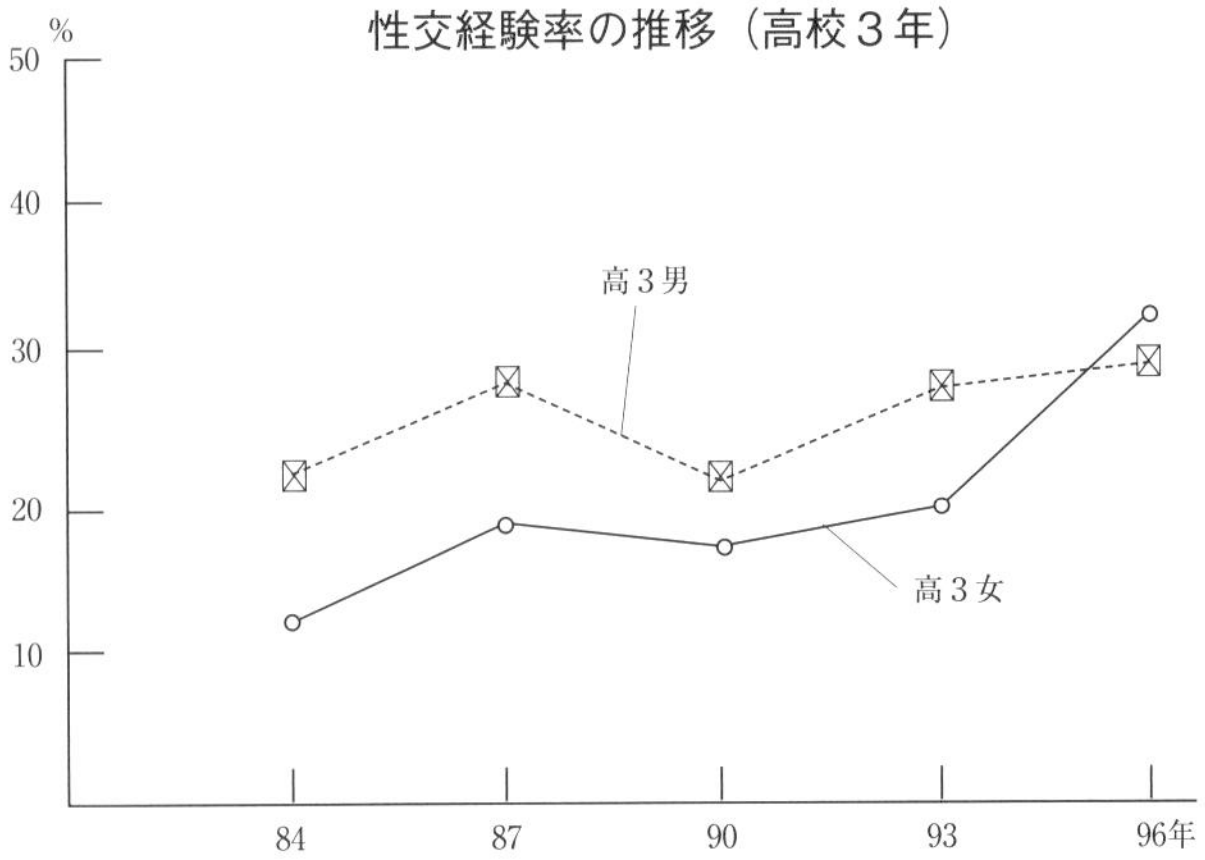

「東京都小・中・高校生の性意識、性行動に関する調査報告」より

もナンパされてホテルへ直行という行動パターンの女子高生もいただろう。また、「今時の女子高生」という括られ方に反発を覚える生徒もいるだろう。だが、一般的に言って、女子高生の性意識は大きく変化し、性行動が活性化していることは、上の性交経験率の推移を表わしたグラフからもはっきり読み取れる。

男子がほぼ横ばいなのに対し、女子の場合年々増加し、特に一九九〇年代に入ってから急増。そして一九九六年調査では男子二八・六％に対し、女子は三四％と、女子が男子の経験率を上回った。

女子の性行動の活性化をどう見るかは意見の分かれるところだろう。高校三年生といえば十八歳。三人に一人の性交経験率は、欧米での性交初体験平均年齢が十五〜十六歳ということから考えれば、そう驚くことではないのかもしれない。また女子が男子を上回ったということも、女子のほうが早熟だと考えれば腑に落ちる。「女だから」のしばりや抑圧から解放され、女性も主体的に性をとらえ、楽しむこと自体は評価すべきと私は考えている。

だが、紹介した投稿文のように、ナンパされて一回きりの「H」、不特定多数との性関係、そして今社会問題となっている「援助交際」のような性行動が、少女たちの性交体験率を引き上げているのだとしたら、単に「解放」としてのみ見ることはできない。

性についてきちんと学習する機会もなく、自己決定能力が十分に育てられないまま、興味本位の享楽的性情報に刺激され、容易に性に近づき、傷ついてしまう。そんな危うさを感じるのである。

自分の「愛と性」を決める力を育む

私は本書で「中高校生の性も人権である」と主張した。一九八〇年代当時、「中高生のうちから性体験をもってしまうと勉強に差し支える」「受験勉強から落ちこぼれる」「経済的に自立するまで我慢すべきである」といった論調が多かったが、私は若くても、年老いても、「性」はその人間の基本的人権として尊重されるべきだと考えた。人間は、自分がいつ、誰と、どんな性的関係をもつか、妊娠するのか、しないのか、などについて自分自身で決める権利がある。現在ではこうした考え方を「性の自己決定権」と呼んでいるが、当時はこうした理念は確立されていなかったものの、私は雅子から妊娠の事実を知らされたときに直感した。それは雅子自身の人生の選択であり、「性の権利」に属する問題であると。

どんなに親や教師が、子どもたちの性行動を管理・抑圧しようとしても、ちまたにあふれる性情報のなかで子どもたちの性意識や性行動は刺激されていく一方だ。だとしたら、子どもたちを性から遠ざけるのではなく、むしろ性に対する正しい知識や認識が得られるように育てることこそ必要だと考えたのである。

そして十七年、確かに性教育は広がってきている。特に小学校段階では、赤ちゃん誕生、月経、二次性徴といったテーマを中心にした学習はかなり進んでいる。だが、それは生殖をめぐる生理学を中心にしたもので、快楽性やコミュニケーションといった人間の性がもつ大きな意味については、まだまだ取り上げられ方が不十分なのが現状である。

今、子どもたちにとって、一番重要な学習は、人間にとって性とは何なのか、何を求めて性に近づくのかである。そうした学習を、中学・高校生という自ら性的欲求をもち、性的行動を始める時期までにしっかりと考えさせる必要があると思うのだ。

人間の性は生殖という本質を残しながらも触れ合いやコミュニケーションとしての意味

をもつようになり、文化的な営みとして進化してきた。性行為はあくまで相手との関係性のなかで行なわれ、相手の生きていることすべてに関わる行為である。お互いの信頼と愛情の高まりのなかでの性行為こそが人間にとって最高のものというイメージをどう子どもたちに伝えていくか、そして「愛と性は自分自身の権利」だという考え方をどう育てるのか。そして、子どもたちはその幼さ、未熟さゆえにトラブルや失敗に至ることがあるかもしれない。だからといって愛や性から遠ざけるのではなく、子どもたちが愛や性の力をつけていく道程をあたたかい眼差しで受けとめ、励ましていくことが親や教師に求められていることなのではないか。

数年前、中学三年の読者からこんな手紙をもらった。

「初めてのお手紙を書きます。私は中学三年の十五歳です。実は、私、妊娠しているかもしれないのです。彼は高校一年です。一年ぐらい前から付き合っていて、彼のことを本当に愛しています。だから、そういう関係になりました。生理がこないので、もしかしたらと心配になって、薬局で妊娠チェック紙を買って調べたら、反応が出たのです。原田先生が書いた『十六歳の母』という本の中の主人公のように私も赤ちゃんを生んで育てられたらいいなと思って、彼に相談しました。でも彼は『おろしてくれ』の一言でした。さらにショックだったのは私のほかに付き合っている彼女がいたのです。

一人で赤ちゃんを育てていく自信はないし、でも赤ちゃんを殺してしまうことになるかと思うと……夜も眠れないいくらい悩んでいます。一回も会ったことがない原田先生に突然こんな手紙を書いてしまってすみません。親にも学校の先生にも言えないし、誰も相談できる人がいないのです。保健室にあった『十六歳の母』を読み、原田先生なら相談に乗ってくれるだろうと思い、手紙を書きました。いろいろとお忙しいと思いますが、もしよろしければお返事をください。お願いします。」

まったく面識のない女の子からの相談だったが、身近に相談できる人もなく、悶々と悩んでいる様子がわかり、私はすぐに返事を書いた。

「お手紙読みました。あなたの夜も眠れないいくらいに苦しんでいる心境がわかりました。でも、どんなに悩んでも、産む、産まないの結論は最終的には自分自身で出すしかないのです。そのために私のアドバイスが役にたてばいいなと思ってお返事を書きます。

薬局の妊娠チェック紙で陽性だったとのこと。でも市販のものでは確実ではありません。もしかしたら妊娠してしまったかもしれないという不安から月経がただ遅れているだけかもしれません。まず病院へ行って、きちんと検査を受け、正確な診断をしてもらうことです。

なぜ正確な診断が必要なのかというと、悩んでいるうちに日にちがどんどんたち、やむなく中絶を受けようと思ったとき、受けられなくなってしまうからです。母性保護法では、中絶手術が認められるのは『妊娠二十二週未満まで』となっています。妊娠週数は最終月経が始まった日を起点として数えるので、次の予定月経がなければ、妊娠四週目に入ったことになります。また、十二週を過ぎると妊娠中期ということで手術が難しくなり、母体への負担が大きくなります。

だから、産んで育てることがかなわぬことなら、できるだけ早く決断して対処したほうがよいのです。

『十六歳の母』の主人公のように私も赤ちゃんを産んで育てられたらいいなと書いてありますが、『十六歳の母』の主人公への単なる憧れや一時の感情で結論を出してはいけません。雅子の場合、彼との合意の上での妊娠、しかも両親をよく説得し、さらに出産してからの人生設計まで二人でよく考えあってのことでした。

確かに中絶手術で赤ちゃんを殺してしまうことはよいことではありません。でも産んでも育てていく条件がまったくないのに、ただ一時の思い込みだけで出産したら、どうなるでしょう。産まれてくる赤ちゃんは不幸だし、あなた自身の人生も不幸になってしまいます。でも、その厳しさを覚悟で、それでも産みたいという意志が強固なら、それはあなたの人生の選択です。その時には、まわりの大人の支援を率直に求めることです。そして何よりも彼に対等の責任をとってもらうことです。

妊娠は二人の間で生じたことです。女性だけ苦しみ、精神的にも肉体的にも痛みを負わなければいけないなんて、おかしいですよね。彼は『おろしてくれ』の一言だったとのこと、それに対してあなたはもっと怒りなさい。本当にあなたが産みたいなら、その気持ちを彼にぶつけなさい。とことん話し合いなさい。彼が一緒に育てていく意志がなかったとしても養育費を出す義務があります。それから中絶という結果になったとしても、その費用は彼も分担すべきです。

中絶はけっしてよいことではありませんが、そのことであなたが必要以上に自分を責め、罪悪感にさいなまれることはないのです。どうしてもやむを得ない最終手段として法律でも認められているのですから。それよりもあなたがもっと自分を問わなくてはいけないのは、彼との関係だと思います。あなたの手紙を読んでいて、いろいろな疑問がわいてきます。

彼を愛していたからそういう関係になったとありますが、本当にあなた自身もセックスがしたかったのか？　それとも拒否すると彼に嫌われるんじゃないかと思って応じたのか？　その時妊娠したらどうするかを考えなかったのか？　避妊はどうしたのか？　避妊を言い出すとその場の雰囲気をこわしてしまうと思ってためらったのか？　女性のほうから避妊を持ち出すのはまずいと思ったのか？……

私は『十六歳の母』のなかにも書いているように、十代の性を否定するつもりはありません。お互いに愛しあっていれば、結ばれたいという気持ちが生じるのは大人でも十代でも同じです。

でも、セックスには妊娠が伴います。また、ＨＩＶや性感染症の心配もあります。そうしたことを二人の間で率直に語り合わなければならないし、語り合えなければまだ二人は性交渉をもつだけの関係にはなっていないということなのです。

でも、大人だって失敗することはあるのですから、大事なのは、失敗のなかから学ぶことです。賢くなることです。今回の失敗で自分の人生が暗くなってしまうのではなく、逆に新しい自分を探るバネにしていってほしいと思います。

最後にもう一つ、お母さんに打ち明けてごらんなさい。正直に話すことは勇気がいるかも知れないけど、お母さんの胸に飛び込みなさい。そして叱られなさい。甘えなさい。

同じ女性として娘の苦悩をわかってくれるはずです。そしてきっと力になってくれると思います。」

私がアドバイスの手紙を出して一週間ほどして、少女から返事が来た。病院での診断結果はやはり妊娠していたとのこと。母親に打ち明けるのはとても勇気がいったが、思い切って話したところ、最初はきつく叱られたが、堕す前に正直に打ち明けてくれてよかったということであった。そして父親とも相談し、最終的には中絶手術を受けることにしたとの決意が書かれていた。

そしてしばらくして、中絶手術を受けた後の気持ちを切々と綴った手紙が届いた。

「いろいろ心配をかけましたけれど、○月○日に赤ちゃんをおろしました。おろすときは誰も一緒にいなくて一人でした。二泊三日入院したんですけれど、初めの日は子宮を広げるだけで、次の日の午後におろしました。

おろす前は『私のお腹の中からいなくなるんだな』って思ったんですけれど、おろした後は、なんだかすごくさびしくて、ひとりぼっちになっちゃったって思いました。赤ちゃんのこともいろいろ考えました。彼のことも考えました。いっぱい、いっぱい、涙が出てきました。そして赤ちゃんに『がんばったね、本当にゴメンネ』と何回も言いました。

おろした日の夜に、彼の彼女が、彼をつれてきてくれました。だけど彼を見て、よけい涙が出てきました。彼は『ごめんな、大丈夫か？』としか言いませんでした。私は『赤ちゃんにあやまって』と言いました。本当に私が聞きたかった言葉は『がんばったな』って言ってほしかった。

たぶん、もう二度と彼には会いません。だけど、毎年○月○日だけは二人で赤ちゃんに手を合わせたいのです。その日以外は彼のことを忘れたいのです。

私はいろいろと考えました。遠くに家出をしたいとか、死にたいと思ったこともあります。でも、今は幸せになるために生きようと思います。自分のためにも、赤ちゃんのためにも……。人は幸せになるために生まれてくるのだと思う。赤ちゃんの幸せを私は奪ってしまった。だから私は赤ちゃんのためにも幸せにならなくてはいけないと思う。

もう二度と同じことを繰り返したくないです。また、何かあったらお手紙を書きます。いろいろと本当にありがとうございました。」

子どもはたとえ失敗しても、まわりの大人が温かく受けとめ、適切なアドバイスをすればきちんと立ち直ることができるものなのだ。この少女とは、その後も何回か手紙のやりとりをしているが、看護婦か福祉の仕事をしたいという夢をもち、明るく元気に高校生活を送っている。

あとがき

「『十六歳の母』を読みたいのですが、どこで手に入りますか?」

「ごめんなさい、出版社がつぶれてしまってあの本は絶版になってしまったんです。私も手元に一冊しか持っていないのでお分けすることもできなくて……」

こんな弁明を何回か繰り返しているうちに、もう一度出版できないだろうかという私の夢は膨らんでいった。

この本は私にとっての性教育実践への〝デビュー作〟であり、たくさんの思いが込められている。第五刷まで版を重ね、大人だけでなく中学生や高校生にも多く読まれ、いくつかの高校でH・R用のテキストとして使われたこともあった。〝まぼろしの名著(?)〟として語り継がれるのも悪くはないが、読みたいという人の声に応えたい。そんな私の願いが、今回実現する運びとなった。第一刷が一九八二年、第五刷発行が一九八六年だから、一三年ぶりの発行となる。

今回の発行にあたって、久々に読み返してみた。一九八〇代の自分へとタイムスリップだ。稚拙な文章だなと思いながらも、生徒とのやりとりがなんとも初々しく、当時の情景を思い起こし、目頭が熱くなった。一七年経た現在、性教育実践を積み重ね、知識も理論もアップしたと自負していた私だが、当時のような生徒たちとの心温まる交流がつくりだせるだろうか、生徒たちからあのようなイキイキした発言や文章を引き出せるだろうかと考えると自信がない。性教育にまったくの素人だった当時の私の体当たりの実践がこの本の魅力だし、生徒たちのみずみずしい生の声がこの本に命を与えてくれている。

一七年前の当時の実践をいまさら読んでどうなるのかという声もあがるかもしれない。だが、私はこの本の中には、現在でも堂々と通用するメッセージが込められていると思っている。いや、今の時代だからこそ、子どもたちに読んでもらいたいと思うのだ。

教師歴二九年のなかで、数え切れない出会いや触れ合いがあった。その一つひとつが私の大事な宝物だが、本書の第5章に出てくる三年二組の生徒たちとの心の絆がやはり私にとっては、一番強く感じられる。単なる恩師と卒業生という関係を越え、若いときにともに人生を語りあった仲間という連帯意識がある。久々にクラス会を開いても、すぐに「三年二組」に戻り、自分の生きざまを語り合えるのである。

本書は性教育の実践書であるが、同時に生徒たちとどのように心を交わすことができるのかという観点で読んでもらっても、なんらかのヒントになるのではないかと思っている。

「あいわ出版」版では夫である石井和彦が書いてくれた「愛と性の教育」と題した文を第

六章として収録したが、今回、発行するにあたっては割愛し、「セクシュアル・ライツを自分のものに」を新たに書き加えた。そこに中学三年生の少女からの手紙のことを書いたが、本書を読んだことがきっかけで、愛と性、そして生きることを真剣に考えてもらえたことを、私はとてもうれしく思う。

教師だけではなく、ぜひ多くの中学生、高校生に読んでもらえることを心より期待して、あとがきとしたい。

最後に、本書を企画してくれたオフィス２の久保田久代さん、阿部進さん、ならびに発行を引き受けてくれた柘植書房新社に心から感謝します。

一九九九年五月

原田瑠美子

増補版へのあとがき

出版不況の中、増補版の発刊はありがたいと思うものの、初版から三八年も経た今、果たしてどのくらい読んでもらえるか不安であった。

舞台となった女子校は校名が変わり、男女共学の進学校に変貌した。学校の雰囲気も生徒の様子もずいぶん変化している。

牧歌的な学園時代の昔ばなしを懐かしく思い出すだけの本なら、増補版発刊の意味はあまりない。なぜ、今、改めて本書を読んでほしいかのメッセージが必要ではないかと思う。

一九九九年に発行された改訂版では、第六章に「セクシュアル・ライツを自分のものに」を書き加え、性についてきちんと学習する機会もなく、自己決定能力が十分に育てられないまま、性情報に流され傷ついてしまう子どもたちの現状を何とかしたいと訴えた。トラブルを恐れ、子どもたちを性から遠ざけるのではなく、性に対する正しい知識や認識が得られるように育てること、「愛と性」は自分の権利であり、その権利を豊かに行使できるよう励まし、育てていくのが親や教師に求められているのだと書いた。

その後、子どもたちをめぐる性の状況はどうなっているのだろうか？　果たして性教育は進んできたのだろうか？

ＩＴ情報社会に生きている今の子どもたちは、パソコン、ケイタイ、スマホなどの機器を使いこなし、ボーダレスな性情報に触れている。ＳＮＳを通じて誰とでも繋がることができる時代である。しかし親や教師にはその実態がつかみにくい。

かつて社会問題になった女子高生の「ブルセラ」「援助交際」はあたかも街中から消えたように見えるが、出会い系サイトやＳＮＳの世界に隠れてしまっただけである。

「援助交際」は「パパ活」という言葉で表わされるようになり、家出少女がツイッターの「＃家出」「＃神待ち」で簡単に見知らぬ男性と出会うことができ、事件に巻き込まれる例も少なくない。性被害に遭うのは、女子だけではない。ＳＮＳなどで児童ポルノや児童買春などの被害に遭った子どもの中には男子も含まれる。

また、性行動が積極的な子たちと消極的な子たちとの分極化が今までにない状況として浮かび上がっている。積極的な子たちはカジュアルな性行動の結果、性感染症や望まない妊娠などのトラブルに悩み、消極的な子たちは生身の人間との交流が苦手でバーチャルな世界で性的欲求を満たしている。さらには性的欲求を持たないアセクシュアルという存在もあることが分かってきた。

一方で、子どもたちへの性教育はどう進んできたのだろうか。

一九九二年の学習指導要領改訂で小学校五年の理科に「ヒトの誕生」、保健に「月経・射精」が入ったことで「性教育元年」などと言われて性教育実践への追い風になった。二一世紀に向かってその広がりが期待されたものの、性器や性交を扱う教材や実践が、「過激な性教育」だとして国会や議会で問題にされて攻撃され、性教育へのバッシングが強まっていった。残念ながら、日本の性教育は未だに制度的な基盤が確立されないまま、個々の教師の熱意や工夫に委ねられているのが実情である。圧倒的に多数の子どもたちは学校できちんとした性教育を受けないまま、マスコミでのステレオタイプ的な性のイメージやネットの性情報をもとに育っているといっても過言ではない。


世界の流れを見てみよう。一九九〇年代以降、ジェンダー・セクシュアリティの平等や性の権利（セクシュアル・ライツ）の保障が拡大されてきた。その成果の下、二〇〇九年ユニセフから『性教育国際指針（実践ガイダンス）』が出され、包括的性教育を子どもたちに保障することは政府の責任であることが明確にされた。

包括的な性教育とは、体や生殖についての知識にとどまらず、人間関係や多様性、ジェンダー平等の視点を基盤にして性を学ぶというもので、この『ガイダンス』に沿って性教育が推進されているのが世界の動向である。

今までは、性教育というと、保健や理科の内容のイメージだったが、ユニセフの『ガイダンス』では、「セクシュアリティは人間の生涯にわたる基本的な要素であり、身体的、心理的、精神的、社会的、経済的、政治的、文化的な側面を持つ」とされている。これをもとに考えれば、保健や理科に限らず、家庭科、社会科、国語科、総合的な時間など様々な教科で取り上げることができる。さらに授業という形をとらなくてもホーム・ルームや子どもたちとの会話や生活指導の中で触れることはいくらでもできる。この『ガイダンス』を理論的指針として一人でも多くの教師が性教育に取り組んでほしいと願う。

だが、以前よりますます多忙化を極める学校現場、子どもやその家族の問題も次々と起こり、性教育の必要性は理解できるものの、性教育にまで手が回らない、と言う教師の声が聞こえてきそうである。また自分が実践に踏み出そうとしても、職場で合意が得られない、仲間づくりが難しいなどの問題で一歩を踏み出せないという声も多い。

私も『十六歳の母』の実践は、まったく一人での挑戦であった。性は生まれてから死ぬまでの本人自身の大事な権利、いつ誰と出会って、恋愛をして、いつ子どもを産むかはその人自身の人権の大きな要素である、との直感から生徒に体当たりした。そして自分自身の生き方を生徒たちに示しながら、「男と女を考えるH・R」実践をつくりだした。

その後、私は「性＝人権」についてもっと深く考えてみたいという気持ちから〝人間と性〟教育研究協議会」（性教協）に入会し、その活動の中で人間の性について学んでいった。入会後すぐに北欧への性教育視察に参加したが、日本で言われている「フリーセックス」のフリーの意味がまったく違うことが分かった。性を社会的、歴史的因習や束縛から「解放する」という意味のフリーだった。まさに性が人権としてきちんと根付いている北欧の社会は、私にとって大きなカルチャーショックであった。

さらに性教協で一緒に活動している仲間は職場も職種もいろいろ、そして夏の大会では全国各地から集まったたくさんの人たちとの交流があり、そうした仲間たちとの学習は刺激的でとても楽しかった。これは自分の職場だけに閉じこもっていたら得られない経験だっただろう。そして、自分の性に対する認識が深まり変わっていくことで、自分一人でも性教育実践へ挑戦する自信もつき、少しずつ職場での理解も得ることができるようになっていった。性教育の必要性を感じたら、まずは自分自身が性について学んでみること、そうすれば自ずと性教育実践への道は開けていくはずである。

一九九〇年頃のある日の理科の授業でのこと、遺伝についての学習で「ホモ」「ヘテロ」の説明をしたときに生徒たちの中にクスクス笑いが起きた。シメタ！　同性愛や性の多様性についての学習のチャンスだ！　と思った私は、生徒たちがマスコミ情報から耳にしているホモ、オカマ、オネエ、ニューハーフ、ゲイ、レズなどの言葉を取り上げて、生徒たちと話し合うことにした。

前書きで紹介したドラマ「金八先生」では、二〇〇一年の第六シリーズの中で「性同一性障害」（トランスセクシュアル）や「同性愛」の問題についても取り上げている。そのころから性の多様性についての理解が少しずつ進んでいき、現在では「ＬＧＢＴ」という言葉が定着してきたが、一九九〇年当時は同性愛もトランスセクシュアルも区別なく混沌としていた。私は子どもたちの誤解や偏見を解きほぐしながら、次のように解説した。

人間の性には、生殖機能の違いによる「生物学的な性（Sex）」のほかに、自らの性を男性、女性のどちらとして認知するかの「性の自己認知（Sexual Identity）」、性愛の対象が異性に向かうか同性に向かうかの「性的指向（Sexual Orientation）」という側面もある。

しかし、大事なのはカテゴリーに当てはめて判断することではなく、性のありよう（Sexuality）は多様で、どのような性を生きるかは人間の尊厳にかかわることであり、自らのセクシュアリティを選ぶ権利を持っていること、そしてそれぞれの多様な性のあり方を認め合うことが必要なのだ。

性とは生きることそのもの、人間の尊厳にかかわる大事な権利であること。長く性教育にかかわってきた私の確信である。しかしながら、まだまだ性に対する偏見、差別が色濃く残っている現実もある。前述した「LGBT」についても当事者自らがその存在をアッピールすることで少しずつ理解が深まっていったものの、未だに自分とは別世界のことと捉えられて、偏見やからかいの対象になってはいないだろうか。

そして、「男と女を考えるH・R」の中で生徒たちと考え合った女性の自立、権利の問題はどうだろう。医大受験における女子受験生の減点問題は、日本社会における女性差別の現実を浮き彫りにした。政治、経済、教育、健康の四分野のデータから男女の格差を分析した「ジェンダー・ギャップ指数」の最新調査結果（二〇一九年）によると、日本は調査国一五三ヶ国中一二一位という。特に政治分野でのランクが低く一四四位だ。男女の経済格差も大きく、正規雇用の男性の平均年収五四八万円に対して女性は三七七万円、非正規雇用の男性の年収平均二二九万円に対して女性は一五一万円というデータがある。女性は男性より非正規雇用が多く、役職者が少ないので、その格差にはかなり大きなものがある。

女性活躍推進と言われながら、女性が結婚や出産を機に職場を辞めざるを得なかったり、待機児童問題に直面するなどの問題が数々ある。

また、セクシュアルハラスメントや性的暴行などの被害体験を、ＳＮＳで告白・共有する「♯Ｍｅ　Ｔｏｏ」運動が世界的に大きな広がりを見せている。今まで泣き寝入りをしていた女性が自らの被害体験を明らかにし、共有することで、性被害を受けている女性に大きな勇気を与えているのである。そして、海外では女性だけでなく男性も「#Haw I Will Change」を使って社会として変わろうとしている。

海外に比べて日本ではまだ大きな動きを見せていないが、昨年（二〇一九年）暮れに、フリージャーナリストの伊藤詩織さんが性暴力を受けたと訴えた裁判が「勝訴」したことは大きな力になることだろう。

「性＝人権」という理念は、長い歴史の中で多くの人たちの努力によって確立されてきたものである。現実社会にはまだまだ問題がたくさんあるが、自分が被害者や加害者、さらに傍観者にならないでほしい、そして自分が幸せな人生を生きるために「性の権利」を豊かに行使してほしい。それが、増補版発刊に際する私のメッセージである。

そして、子どもたちを育てる親や教師、大人たちにも考えてほしい。早く教えすぎるとかえって好奇心をかきたてて行動をあおることになる、「寝た子を起こすな」という考え方がまだあるが、果たしてそうだろうか。子どもたちはボーダレスな性情報の社会で育っている。決して寝てなどいないのだ！

子どもたちが自分の人生を幸せに生きていくための考え方と力をどうすれば身につけることができるか、そのためにこそ大人は性の正しい情報をきちんと与えて考えさせることが必要ではないだろうか。本書がその参考になればありがたい。

『十六歳の母』の雅子は、その後どうなったかを質問されることがある。二人目の女の子を出産し、子育てに奮闘している様子の年賀状をもらったりしてしばらくは連絡があったが途中で交流が途切れてしまった。私もどうしているかなと気にかけながらも年月が過ぎてしまった。現在、雅子は五〇代半ば、あの時の赤ちゃんはなんと三八歳になるのだから、時の流れの速さに驚く。

人生には山あり、谷あり、雅子と真一の人生にもいろいろあったに違いない。だが、あの二人なら困難を乗り越えて生きているのに違いないと確信している。

「男と女を考えるH・R」のクラスメートたちもそれぞれの人生を明るくたくましく生きている。

妻子ある男性との恋愛に悩み抜いたA子、父親の介護のため結婚を断念したB子、シングルマザーで出産を決意したC子、離婚してバリバリ仕事を頑張っているD子、若くして夫が病死して二人の子どもをどう育てるか苦労したE子……いろいろな相談を受けた。私はそのたびに彼女たちの悩みに耳を傾け、励ますことしかできなかったが、自分の人生を前向きに生きようとする力で、みな乗り切っている。

高校時代は自立心旺盛で将来キャリアウーマンになりそうだった生徒が大学卒業後すぐに結婚してたくさんの子どもを産み専業主婦になっていたり、逆に専業主婦願望だった生徒が結婚せずにキャリアウーマンになっていたりする。子どもが嫌いなので産まないと言っていたのに何人も出産しさらに孫がかわいいと目を細めていたり、逆に子どもをたくさんほしいと言っていたのに子どもができずに夫と二人での生活になったり……歌の文句ではないが、「人生って不思議なものですね♪」

自分自身の人生も振り返ってみると予想どおりにいっていないことに気づく。一九八〇年代はまだ人生八〇年時代だったので、自分が七〇歳になった頃には、母も夫もすでに見送り老後の生活を沖縄あたりでのんびりと過ごしているだろうと想像していた。

ところが今や人生一〇〇年時代、母も夫も九三歳を過ぎて健在である。私は教員生活をリタイアした後、母と夫を介護する日々、まさに「老々介護」それも「ダブル介護」である。

自分の時間も大切にしようと思うが、介護のためにどうしても自分の活動は制約されてしまう。遠方に住む母と自宅の往復、交互に入退院を繰り返す母と夫、病院への付き添いなど、精神的にも肉体的にもきつい。ああ！　この介護生活がいつまで続くのだろうかとため息の出ること、しばしばであった。

こんな私を励ましてくれたのは、『十六歳の母』のクラスメートであるF子の「快互」という言葉であった。F子は視覚を失った母親の介護を長年続けていたが、彼女からの手紙の中に「快互」という表現を見つけて、なるほど！　と思った。

F子は「介護」を、一方的に世話をする、護るという関係ではとらえずに、互いに快くなる関係にしたいと考えていた。母親が視覚障碍者の社交ダンスの趣味を楽しむときはF子も視覚障碍者のダンスのパートナーを務め、車に母親を乗せて日本全国をドライブ旅行するなど、母親の介護を通して自分も人生を楽しもうとしていた。

私も発想を切り替えることにした。母と夫の介護で断念しなければならないことは多々あるが、逆に今の環境でもできることはたくさんあるはずだ。長い人生の節々で、その状況に合わせた暮らし方を楽しめばいいのだと考えることにした。そして「快互」という言葉は介護の場面だけでなく、あらゆる人間関係についても同様であると納得した。

このように、『十六歳の母』のクラスの生徒たちとは三八年も経た今でも、ともに人生を励まし合う強い絆で結ばれている。まさに教師冥利というもの、嬉しい限りである。

『十六歳の母』増補版発刊は、自分の長い教師生活を振り返り、性教育について改めて考察する良い機会となった。こうした機会を与えてくれた、編集企画の久保田久代さん、出版元の柘植書房新社に心から感謝である。

二〇二〇年三月

原田瑠美子

著者紹介●**原田　瑠美子**（はらだ　るみこ）
1947年東京生まれ
３歳より日本舞踊、三味線を習う。16歳で名取（花柳喜祝）。
30歳よりフラメンコを始め、現在はフラメンコの歌や陶芸にも挑戦。
1974年より都内の私立女子中高校教諭（理科担当）、2009年退職。
“人間と性”教育研究協議会本部元幹事
著書に『少女たちと学ぶセクシュアル・ライツ』（柘植書房新社）、『理科だいすき ルミコ先生のワクワク授業』（労働教育センター）。
共著に『女の性と中絶』（社会評論社）、『女たちの教育改革』（国土社）、「21世紀を拓く教育 第２巻」『共生、教育を求めて 関わりを見なおす』（明石書店）「高齢期の性と生を拓く」（季刊「セクシュアリティ特集」エイデル研究所）等のほか、性教育に関する執筆多数。

増補　十六歳の母

2020年5月30日　第1版発行　定価2,400円＋税

著　　者　●原田瑠美子
編集制作　● Office 2
発 行 所　●柘 植《つ げ》 書 房 新 社
〒113-0001 東京都文京区白山1-2-10-102
TEL 03-3818-9270　FAX 03-3818-9274
郵便振替 00160-4-113372
ホームページ　https://www.tsugeshobo.com
装　　丁　●市村繁和（i-Media）
印刷・製本　創栄図書印刷株式会社

乱丁・落丁はお取り替えいたします。　ISBN978-4-8068-0737-7

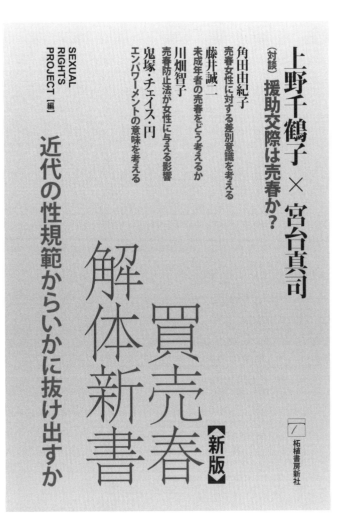

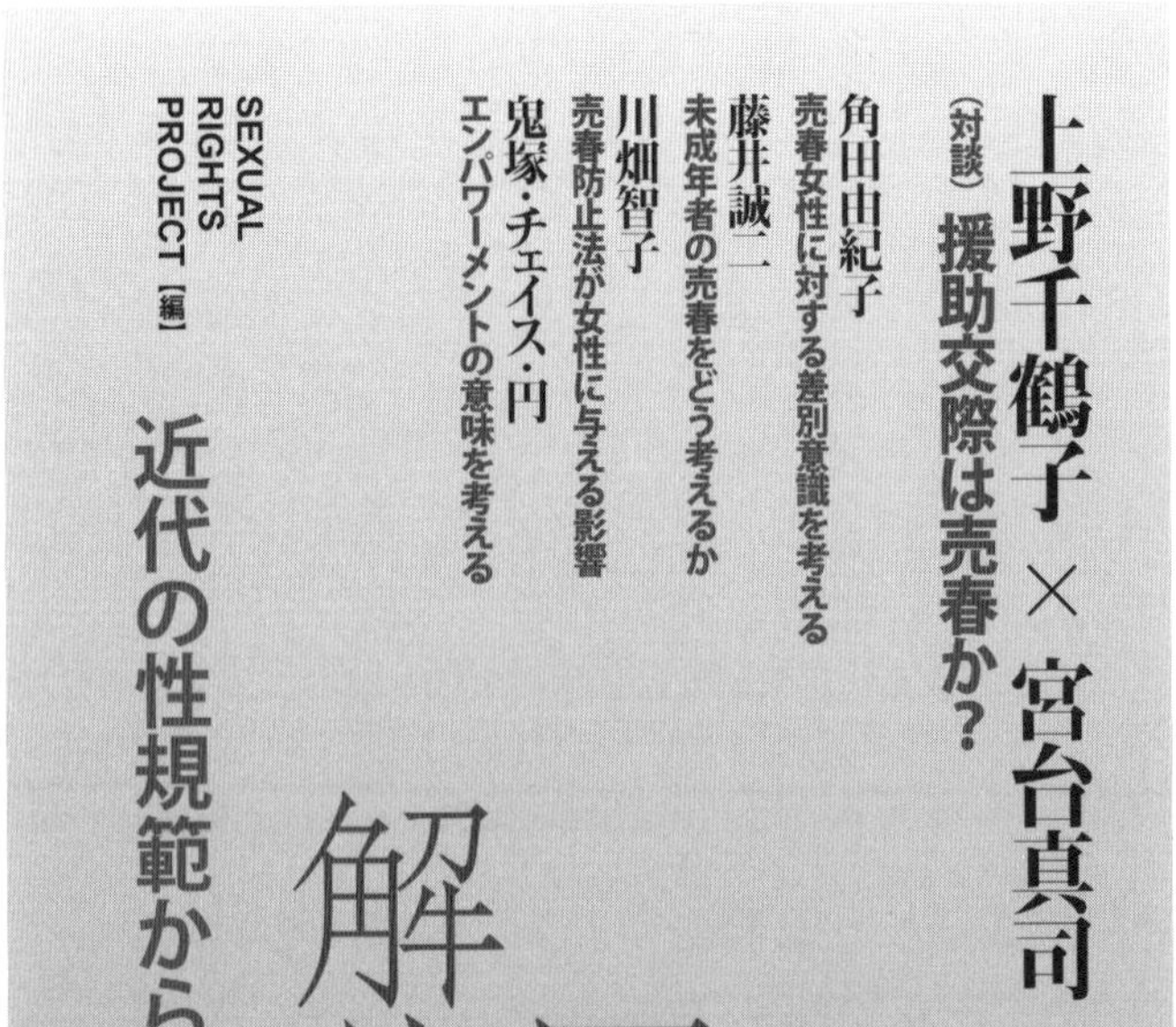

【新版】買売春解体新書

SEXUAL RIGHTS PROJECT 編

上野千鶴子 × 宮台真司、角田由紀子、藤井誠二、川畑智子、鬼塚・チェイス・円著

46 判上製 210 ページ　ISBN978-4-0736-0 C0030　¥2400E